LEGENDÄRE GESTALTEN DER NORDISCHEN MYTHOLOGIE

Göttinnen, Helden, Monster und andere Wesen

TOM BIRKETT

ISABELLA MAZZANTI

PRESTEL

München · London · New York

Einführung

In den Ländern des Nordens sind die Winter kalt und rau, die Meere eisig und die kurzen Sommer voller Leben. Da fällt es nicht schwer, sich Reifriesen in den Bergen und Meeresungeheuer unter den Wellen vorzustellen oder einen Regenbogen zu betrachten und darin eine Brücke zu einer anderen Welt zu erkennen. Die nordischen Mythen wurden von den Menschen überliefert, die zu Zeiten der Wikinger in diesen Regionen lebten. Mithilfe dieser Sagen erklärten sie sich, wie die Welt geschaffen wurde und wie sie enden wird. Die in diesem Buch versammelten Gottheiten, Riesen und Fabelwesen halfen den Menschen dabei, ihr Leben zu verstehen und spornten sie zu großen Abenteuern an.

Einige der Gottheiten und Ungeheuer, denen wir auf diesen Seiten begegnen, sind uns eventuell bekannt, wie der stattliche Thor mit seinem mächtigen Hammer oder der schelmische Gestaltwandler Loki. In Büchern und Filmen, die auf diese Erzählungen zurückgehen, sind uns womöglich schon Elfen und Zwerge über den Weg gelaufen. Aber vieles überrascht uns vielleicht auch – von einer Göttin, die goldene Tränen weinte und in einem von Katzen gezogenen Wagen fuhr, bis zu einer Schlange, die sich um die ganze Welt wand. Die nordischen Mythen mit ihrer bunten Schar von Figuren gehören zu den erstaunlichsten Legenden, die man sich je berichtet hat.

Willkommen in der außergewöhnlichen nordischen Vorstellungswelt!

Das meiste, was wir über die nordische Mythologie wissen, stammt aus Dichtung und Sagas. Sie wurden von Generation zu Generation weitergegeben und ursprünglich auf Altnordisch verfasst. In diesem Buch werden aber die hier bei uns gebräuchlichen deutschen Namen verwendet.

Mythen können auf verschiedene Weisen interpretiert werden. Manchmal unterstützen sie uns dabei, uns selbst, unsere Ängste und unser Handeln zu begreifen. Vor allem aber sind die nordischen Mythen zeitlose Geschichten, die unbedingt erzählt werden müssen …

INHALT

DIE GESCHICHTE VON DEN NEUN WELTEN

Im nordischen Kosmos gab es neun Welten. Die ältesten waren Niflheim, das Reich des Eises, und Muspellsheim, das Reich des Feuers.

Zwischen ihnen erstreckte sich eine klaffende Leere, die man Ginnungagap nannte, wo die eisigen Ströme aus Niflheim auf die feurigen Funken von Muspellsheim trafen und warme Nebel wirbelten. Aus diesen Nebeln trat der Riese Ymir hervor. Ymir war das erste Geschöpf im gesamten Kosmos, aber das blieb nicht lange so.

Eine Kuh namens Audumla tauchte aus den Nebeln auf und nährte Ymir mit ihrer Milch. Dann legte sich Ymir, der weder Mann noch Frau war, zum Schlafen nieder, und aus dem Schweiß, der sich in den gewaltigen Armhöhlen bildete, entsprangen die ersten Riesen. Bald schon bevölkerten sie in großer Zahl die Nebel.

Die Kuh Audumla hatte eifrig an dem salzigen Eis geleckt, das Ginnungagap bedeckte, und als es schmolz, kam der Gott Buri zum Vorschein. Buris Enkel waren die Brüder Odin, Vili und Ve. Sie sannen darüber nach, wie sie eine bessere Welt als dieses raue, neblige Land erschaffen konnten. Und so beschlossen sie, Ymir zu töten und den gigantischen Körper des Riesen als Baumaterial zu verwenden.

Aus Ymirs Blut schufen die Gottheiten die Meere und Seen. Odin befestigte Ymirs Schädel als Himmel über der Welt, und aus dem Hirn des Riesen formte er wogende Wolken. Aus Ymirs Knochen wurden die Berge, aus den Stoppeln in seinem Gesicht hohe Kiefern, und die Füße des Riesen wurden zermahlen und als Kies und Sand über die Welt verstreut. Schließlich hegten die Gottheiten die Welt, die sie gerade erbaut hatten, mit einer Mauer aus Ymirs Wimpern ein. Sie nannten den Ort Midgard, Wohnort in der Mitte – die Welt, in der wir Menschen heute leben.

Die Gottheiten besaßen ihr eigenes Reich namens Asgard, das oberhalb der Welt der Menschen lag. Dort reihten sich goldene Hallen und prächtige Tempel aneinander. Der einzige Weg nach Asgard führte über die Regenbogenbrücke, die die Welt der Menschen mit der der Gottheiten verband. Einige Gottheiten kamen auch aus dem Land Vanaheim, das in so weiter Ferne lag, dass niemand mehr weiß, wie man dorthin gelangt.

Die Riesen wohnten in Jötunheim, einem entlegenen Land mit gewaltigen Gebirgen, öden Lavafeldern und tosenden Flüssen, die niemals zufroren. Auch andere Geschöpfe hatten ein eigenes Reich. Die Lichtalben weilten unter dem strahlenden Himmel von Alfheim und die Zwerge in den Höhlen und Grotten von Svartalfaheim. Die letzte der neun Welten schließlich war zugleich die am meisten gefürchtete – Hel, die Heimat der Toten.

Durch alle neun Welten wuchs ein Baum mit Wurzeln, die weit unter die Erde reichten, und mit Zweigen, die bis hoch in den Himmel ragten. Das war Yggdrasil, der mächtige, unermessliche Weltenbaum.

„Es war nicht
einfach, zwischen
den Welten zu reisen,
aber die Gottheiten
fanden gewöhnlich
einen Weg.“

DIE GOTTHEITEN

Vom Gestaltwandler Loki bis zur geheimnisvollen goldenen Gullveig – vielfältig und bunt war die Reihe der nordischen Gottheiten.

Odin, der Allvater, war das Oberhaupt des Göttergeschlechts der Asen. Seine Frau war die umsichtige Frigg. Ihr berühmtester Sohn war Thor, der mit seinem Hammer gegen Riesen kämpfte und die Welt behütete. Die Wanen, ein anderes Göttergeschlecht, beherrschten die magischen Künste, insbesondere Njörds zwei Kinder Frey und Freya, die in Liebesdingen angerufen wurden und Leben spenden konnten. Einst bekämpften sich die beiden Geschlechter, aber als sie erkannten, dass keine Partei gewinnen konnte, schlossen sie Frieden. Wie in allen großen Familie gab es auch unter den Gottheiten Streitigkeiten und Rivalitäten. Doch wenn sie von den Riesen bedroht wurden, hielten sie zusammen, und wenn Ungeheuer die Welt zerstören wollten, standen sie den Menschen bei.

Auch wenn die nordischen Gottheiten über gewaltige Kräfte verfügten, waren sie weder unsterblich noch unantastbar: Odin hatte nur ein Auge und zog in Gestalt eines alten Mannes durch die Welt, Tyr hatte nur eine Hand und Mimir überhaupt keinen Körper. Sie alle besaßen erstaunliche Fähigkeiten, aber auch Schwächen. Thor war über alle Maßen stark, hatte aber ein schwer zu zähmendes Temperament, Freya war umwerfend schön, behandelte ihre Liebhaber jedoch wie eine Katze, die mit Mäusen spielt. Loki war der Durchtriebenste von allen: Er war der Sohn eines Riesen, und man wusste nie so genau, auf welcher Seite er eigentlich stand.

Einige der Gottheiten hatten besondere Aufgaben: Heimdall bewachte die Regenbogenbrücke, und Bragi war der Dichter; Idun erhielt die Gottheiten jung, und Njörd herrschte über die Meere. Sif stand für die Familie, und Tyr war der Gott des Krieges.

Doch es gab etwas, das mächtiger als die Gottheiten war, und zwar das Schicksal, das über jedes Leben bestimmt. Selbst die Gottheiten konnten ihm nicht entrinnen, so sehr sie es auch versuchten.

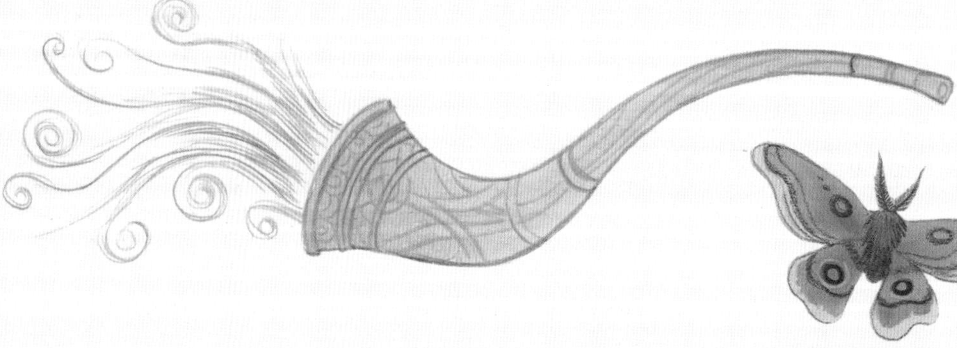

*„Allvater,
Alter, Wanderer,
Vater der
Erschlagenen …
Odin war unter
zahllosen Namen
bekannt.“*

ODIN

ALLVATER, OBERHAUPT DER NORDISCHEN GOTTHEITEN UND HERRSCHER DES GALGENS

Thronte in Walhall oder wanderte in Gestalt eines müden, alten Mannes durch die Welt

Odin war als Göttervater bekannt. Mit seinen Brüdern Vili und Ve schuf er die ganze Welt aus dem Körper des Riesen Ymir und hauchte den ersten Menschen Leben ein. Das Gedächtnis des Allvaters reichte fast so weit zurück wie die Zeit an sich, und der weise Odin schätzte Wissen mehr als jeden Schatz. Er opferte eines seiner Augen, damit er Dinge sehen konnte, die im Nebel der Zeit versteckt lagen. Einst hing er neun Nächte lang am Weltenbaum, nur um das Geheimnis der Runen zu ergründen. Von seinem Hochsitz Hlidskjalf konnte Odin alle neun Welten überblicken, und kaum etwas entging seinem einen hell leuchtenden Auge.

Odin wusste vieles, was den Menschen immer verborgen bleiben wird. Er kannte Zaubersprüche, die Klingen stumpf und nutzlos machten, und andere, die Tote aufweckten und sprechen ließen. Außerdem konnte er den Ausgang einer Schlacht bestimmen, noch ehe sie begonnen hatte. Mehr als den anderen Gottheiten gefiel es Odin, verkleidet durch die Welt der Menschen zu wandern und sich in ihr Leben einzumischen. Wenn ein alter Mann mit langem Bart und breitkrempigem Hut an die Haustür klopfte, musste man wachsam sein!

Als Oberhaupt der Gottheiten war Odin stets hoch angesehen, aber niemand traute ihm – nicht einmal die Menschen, die ihn verehrten. Er verleitete viele stolze Herrscher zu Auseinandersetzungen, die sie nicht gewinnen konnten, und war all seinen Geliebten untreu. Odin ebnete so manch einem Helden und König den Weg und gab ihnen alles, was sie sich wünschten, doch zuweilen nahm er ihnen alles einfach wieder weg. Der Göttervater hielt sich nicht gern an Regeln.

◆ Odins Wohnort war Walhall, die Halle der Gefallenen. Sie war mit goldenen Schilden gedeckt, die in der Sonne glänzten. Nach Walhall brachten Walküren genannte, überirdische Kriegerinnen die Tapfersten derer, die in einer Schlacht getötet worden waren. Dort tafelten sie und kämpften, um sich auf den Krieg gegen die Riesen vorzubereiten.

◆ Odin hatte zwei Raben namens Huginn und Muninn, die er in die Welten schickte, damit sie ihm Neuigkeiten zutrugen, und zwei Wölfe, die er unter seinem Tisch fütterte. Er besaß einen magischen Ring, der Draupnir hieß. Seine Waffe war der Speer Gungnir. Als er ihn einmal warf, kam der Krieg in die Welt.

FRIGG

KÖNIGIN UNTER DEN GÖTTINNEN, DIE DEM FREITAG DEN NAMEN GAB

Lebt in der Halle Fensalir, umgeben von Mooren und Sümpfen

Frigg war die wichtigste aller Göttinnen. Wenn die Gottheiten ein Festmahl abhielten, saß sie neben ihrem Gemahl Odin auf dem Ehrenplatz. Ihr dienten die zwei treuen Zofen Fulla und Gna. Frigg konnte in die Zukunft schauen, und sie kannte das Schicksal vieler Gottheiten.

Weder Odin noch Frigg waren einander besonders treu. Sie stritten sich oft. Es hieß sogar, Odin sei für eine Weile aus Asgard verbannt worden aufgrund der Art, wie er seine Geliebten behandelte, und Frigg sei während seiner Abwesenheit die Frau von Odins beiden Brüdern geworden. Standen Frigg und Odin bei Konflikten auf verschiedenen Seiten, wusste man nie genau, wer gewinnen würde. Nach einem Streit stellte Frigg Odin eine Falle, was dazu führte, dass er mit einem Zauberer verwechselt und von seinen Feinden gefangengenommen wurde! Trotz der vielen Querelen weinte Frigg um ihren Mann, als er schließlich sein Ende fand und von dem riesigen Wolf Fenrir verschlungen wurde.

Frigg wurde von allen Menschen verehrt, insbesondere von Müttern. Sie hatte viele berühmte Kinder. Ihr Lieblingssohn jedoch war Baldur, der leuchtende Gott. Als Baldur klein war, hatte Frigg so große Angst, ihn zu verlieren, dass sie jedem Lebewesen den Schwur abnahm, ihm nichts zu tun. Doch sie vergaß, die bescheidene Mistel zu fragen. Diese Pflanze sollte ihn schließlich töten, als sein Bruder Hödur durch eine List verleitet wurde, Baldurs Brust mit einem Mistelzweig zu durchbohren. Als Baldur starb, war Frigg von Trauer überwältigt. Sie nutzte ihre Macht, jedem Lebewesen zu befehlen, um ihn zu weinen, in der Hoffnung, dass die Totengöttin Hel ihn, davon gerührt, freigeben würde.

◆ Frigg wurde mit der mächtigen römischen Göttin Venus gleichgesetzt. Deshalb benannte man den Tag der Venus nach ihr. Wir kennen ihn als Friggs Tag oder Freitag.

◆ Frigg war auch eine Heilerin und erweckte Baldurs Pferd nach einem Sturz wieder zum Leben. Dabei arbeitete sie zur Abwechslung mit ihrem Mann zusammen und nicht gegen ihn!

◆ Nur der Schelmengott Loki, in Gestalt einer alten Frau, widersetzte sich Frigg und vergoss nicht eine Träne um Baldur, sodass er im Totenreich bleiben musste.

*„Wurden die Namen aller Göttinnen aufgeführt,
stand Frigg immer an erster Stelle.“*

THOR

HAMMERSCHWINGENDER SOHN ODINS UND BESCHÜTZER DER GOTTHEITEN

War in seiner von Blitzen umzuckten Halle oder auf der Jagd nach Riesen in Jötunheim zu finden

Kein Gott war mächtiger als Thor, der den Hammer Mjöllnir schwang. Odins rotbärtiger Sohn hatte keine Angst, es mit Feinden aufzunehmen, die um ein Vielfaches größer waren als er, und er war immer auf einen Kampf aus. Thors Aufgabe war es, das Reich der Gottheiten und die Welt der Menschen vor Riesen und schrecklichen Ungeheuern zu beschützen. Er wurde von allen verehrt, insbesondere aber von Kriegern, die seine unglaubliche Stärke bewunderten. Thor wachte auch über Seeleute und Fischer und war dafür bekannt, dass er einst die riesige Midgardschlange, die auf dem Grund des Meeres lag, am Haken seiner Angel hatte.

Wenn Thor eine Schwäche hatte, dann war es sein Temperament, das manchmal mit ihm durchging. Er war so wütend, als der Riese Thrymir seinen Hammer stahl, dass er den Dieb und dessen gesamte Sippschaft erschlug. Seine Heißblütigkeit führte dazu, dass er sich im Heim des Riesen Utgardloki zu einem Ringkampf mit dem Alter selbst überreden ließ – ein Wettstreit, den sogar der mächtige Thor nicht gewinnen konnte. Zuweilen machte sich Odin einen Spaß daraus, seinen hitzköpfigen Sohn zu necken, aber nur, wenn er außerhalb von Thors Reichweite war! Da alle Gottheiten wussten, dass Thor ein unerbittlicher Gegner war, wurde er gewöhnlich mit Respekt behandelt.

Manchmal leistete Loki Thor bei seinen Abenteuern im Land der Riesen Gesellschaft, und hin und wieder begleiteten ihn seine beiden menschlichen Diener Thjalfi und Röskva. Wohin ihre Reisen sie auch führten, sie endeten in der Regel in einem Handgemenge mit den Riesen. Thors Mutter war die Erdriesin Jörd, doch das änderte nichts an seiner grundsätzlichen Einstellung gegenüber diesem Zweig seiner Verwandtschaft.

◊ Thors Waffe war der berühmte Hammer Mjöllnir, der nie sein Ziel verfehlte. Zudem besaß er ein Paar Eisenhandschuhe, die er brauchte, um den Hammer schwingen zu können, und einen Gürtel, der seine gewaltige Kraft sogar noch steigerte. Manche Wikinger trugen einen Hammer-Anhänger um den Hals, um Thors Schutz zu beschwören.

◊ Auf Thor wartet ein schreckliches Ende. Es ist ihm bestimmt, bei der Ragnarök, dem Untergang der Gottheiten, gegen die Midgardschlange zu kämpfen. Sein Schicksal ist es, das Ungeheuer zu töten. Dann aber wird er sich nur noch neun Schritte weit schleppen können, bevor er an ihrem Gift stirbt.

„Ohne Thor und seine enorme Stärke wären die Welten der Gottheiten und Menschen schnell von Riesen und Ungetümen überrannt worden."

LOKI

SCHELMENGOTT, UNRUHESTIFTER UND VATER BÖSARTIGER KINDER

Wo immer es Ärger gab, war er nicht fern

Loki war unter den Gottheiten ein Außenseiter. Als Gestaltwandler fühlte er sich im Körper einer alten Frau ebenso wohl wie in dem eines jungen Mannes. Lokis Vater war ein Riese, seine Mutter die Göttin Laufey. Eine solche Verbindung verstieß gegen alle Regeln, die im Reich der Gottheiten galten. Zwar durften Riesinnen in das Asengeschlecht einheiraten, die Heirat zwischen einer Göttin und einem männlichen Riesen aber war tabu. Loki wohnte bei den Gottheiten in Asgard, aber niemand konnte sich seiner Loyalität sicher sein. Manchmal stand er auf ihrer Seite, ein anderes Mal machte er mit den Riesen gemeinsame Sache. Und gelegentlich stiftete Loki nur zum Spaß Ärger. Lokis Geistesgegenwart half den Gottheiten oft aus der Klemme – allerdings hatte er gewöhnlich das Problem überhaupt erst selbst verursacht!

Loki besaß ein paar Schuhe, mit denen er durch die Luft laufen konnte. Der zwielichtige Gott konnte sein Aussehen ändern und die Gestalt eines Seehundes, Lachses, Pferdes und sogar einer winzigen, beißenden Fliege annehmen. Ebenso konnte er in die Haut jedes beliebigen Menschen schlüpfen. Einmal brachte er in Gestalt einer Stute ein wunderschönes, achtbeiniges Pferd namens Sleipnir zur Welt! Lokis treu ergebene Frau war Sigyn, doch er hatte eine Geliebte, eine Riesin, die im Eisenwald lebte. Aus dieser Beziehung gingen drei furchterregende Kinder hervor: die Riesenschlange Jörmungand, der Wolf Fenrir, auch Fenriswolf genannt, und eine grimmige Tochter namens Hel.

Die Gottheiten duldeten ihn lange Zeit, aber schließlich beging Loki ein so schweres Verbrechen, dass sie sein Treiben nicht länger hinnehmen konnten. Loki war der Drahtzieher hinter Baldurs Tod, und aus diesem Grund wurde Loki unter der Erde angekettet. Über seinen Kopf war eine Schlange gebunden, die im Gift in die Augen träufelte. In der Gefangenschaft hatte Loki viel Zeit, seine Rache an den Gottheiten zu planen. Wenn die Ragnarök kommt, wird Loki bereit sein und die Mächte des Chaos über das Meer nach Asgard führen.

◆ Lokis Frau Sigyn bewies ihre Liebe, indem sie das Gift in einer Schale auffing, bevor es in Lokis Augen tropfen konnte. Doch hin und wieder musste sie die Schale ausleeren, und dann löste das gepeinigte Zucken des Gottes auf der ganzen Welt Erdbeben aus.

◆ Loki liebte Klatsch und kannte die Geheimnisse vieler Gottheiten. Bei einem Festmahl brachte er es fertig, alle Gottheiten zu beleidigen, indem er ihre peinlichsten Geschichten ausplauderte. Jede einzelne entsprach der Wahrheit!

◆ In der Endzeitschlacht Ragnarök wird Loki an der Seite der Riesen kämpfen und ein Schiff steuern, das aus den Fingernägeln der Toten besteht. Die Wikinger glaubten, dass abgeschnittene Nägel verbrannt werden müssen, weil sonst Lokis Schiff zu schnell fertiggestellt würde!

*„Wenn Loki etwas während seiner Gefangenschaft
tröstete, dann der Gedanke, dass seine Kinder die von
den Gottheiten erschaffene Welt zerstören würden.“*

„Der Verlust von Baldur dem Schönen war die größte Tragödie, die den Gottheiten widerfuhr; zumindest bis die Ragnarök kommt und die alte Welt hinwegfegt.“

BALDUR

HELL LEUCHTENDER GOTT, DESSEN TOD VON DER GANZEN WELT BEWEINT WURDE

Lebte in seiner Halle Breidablik, später hielt er Hof in Hel

Baldur war Odins zweiter Sohn. Mit seiner Sanftmut und seinem Gerechtigkeitssinn verkörperte er die besten Eigenschaften des Asengeschlechts. Seine Haut war so hell, dass sie wie der Himmel strahlte, und seine Haare und Augenbrauen waren so blass, dass sie weißer als die weißesten Blumen wirkten. Keiner wusste etwas Schlechtes über Baldur zu berichten, und überall, wo er hinkam, priesen die Menschen die Schönheit seiner Stimme, seine Weisheit und Freundlichkeit – auch wenn sie oft vergaßen, seinem Rat zu folgen.

Als Baldur geboren wurde, ließ seine Mutter Frigg alles um sich herum – auch Waldbrände, Fluten, wilde Tiere und giftigeSchlangen – schwören, ihm kein Leid zuzufügen. Dieser Schwur war so heilig, dass sich selbst leblose Dinge daran hielten. Die Gottheiten bewarfen Baldur aus Spaß mit Gegenständen, um zu sehen, wie sie von ihm abprallten, ohne Schaden anzurichten. Doch Frigg vergaß, einer einzigen kleinen, harmlosen Pflanze das Versprechen abzunehmen – der Mistel. Und ein Pfeil, den Loki aus genau dieser Pflanze schuf, tötete den strahlenden Gott.

Baldurs Begräbnis war das größte, das je in den neun Welten stattfand. Er wurde in seinem riesigen Langschiff Hringhorni aufgebahrt, neben so vielen Schätzen, dass die Kraft einer Riesin nötig war, um das Schiff ins Wasser zu schieben. Dort wurde es in Brand gesetzt und loderte lichterloh vor einem grauen Himmel.

Es zeugt von Baldurs Güte, dass alle Lebewesen ihn beweinten, als er starb. Nur eine alte Frau – vermutlich Loki in einer seiner Verkleidungen – wollte das nicht tun. Deshalb durfte Baldur das Totenreich nicht verlassen. Dort wird er viele Jahre als Gast von Hel bis zur Endzeitschlacht Ragnarök warten, bevor er nach Asgard zurückkehren kann. Wenn die Welt neu entsteht, wird Baldur die Heimat der Gottheiten wieder in seinen Glanz tauchen.

◇ Vor seinem Tod plagten Baldur Albträume. Odin erweckte eine Seherin von den Toten, um sie nach Baldurs Träumen zu befragen. Obwohl er erfuhr, dass es Baldur bestimmt war, von seinem eigenen Bruder getötet zu werden, konnte der Göttervater das Schicksal seines Sohnes nicht abwenden.

◇ Als Baldur starb, weinten sogar leblose Steine und selbst Eisen. Lässt man Gegenstände aus Metall über Nacht im Freien liegen, sind sie am nächsten Morgen von Feuchtigkeit überzogen. Einst glaubte man, das seien Tränen, die das Metall wegen Baldurs Tod vergießt.

◇ Baldurs treue Gemahlin Nanna war bei seiner Bestattung so traurig, dass sie an gebrochenem Herzen starb. Die Gottheiten legten sie auf denselben Scheiterhaufen wie ihren Gemahl. Baldur und Nanna gingen Hand in Hand in Hels Reich.

MIMIR

WEISER GOTT, DER DEN WANEN ALS FRIEDENSPFAND GEGEBEN WURDE UND DER ODIN IN ALLEN FRAGEN BERIET

Starrte aus einer heiligen Quelle heraus

Mimir der Weise war ein enger Freund Odins. Im goldenen Zeitalter der Gottheiten trank Mimir aus der Quelle der Weisheit, während die Gottheiten um ihn herum prächtige Hallen bauten und feierten. So wurde er der Weiseste der Asen. Als die geheimnisvolle, goldene Gullveig nach Asgard kam, prophezeite Mimir, dass ihre Familie, die Wanen, Unheil stiften würde. Mimir war dabei, als Odin seinen Speer schleuderte und damit den Krieg gegen das konkurrierende Göttergeschlecht auslöste. Und es war Mimir, der erkannte, dass man die Wanen nicht töten und keine Seite gewinnen konnte.

Als die Asen und Wanen einen Waffenstillstand ausriefen, tauschten sie Schwüre und Geiseln aus, und der weise Mimir wurde mit dem edlen, aber schüchternen Gott Hönir als Pfand ins Reich Vanaheim entsandt. Zunächst lief alles gut: Wenn Mimir in der Nähe war und Hönir beraten konnte, verhielt sich Hönir wie der noble Gott, der er war. Doch wenn Mimir nicht da war, weigerte sich Hönir zu sprechen. Die Wanen glaubten, man habe sie betrogen, weil eine ihrer Geiseln ohne die andere nutzlos war. Und so schlugen sie Mimirs Haupt ab und schickten es zurück an Odin. Er sollte wissen, wie wütend sie darüber waren, dass man sie übers Ohr gehauen hatte.

Odin kannte Kräuter und Zaubersprüche, durch die Mimirs Kopf erhalten blieb und der alte Freund weiterhin sprechen konnte. Der Allvater brachte ihn zu der heiligen Quelle, aus der Mimir einst getrunken hatte, und kam oft zu diesem Ort, um mit ihm zu sprechen und seinen klugen Rat einzuholen. Mimir soll besonders viel von Runen verstanden haben, aber niemand kannte alle Geheimnisse, die in diesem von der Zeit gezeichneten, alten Haupt schlummerten.

◆ Bevor er als Friedenspfand diente, trank Mimir jeden Morgen aus einer Quelle unter den Wurzeln des Weltenbaums aus einem goldenen Trinkgefäß namens Gjallarhorn. Später wurde sie als Mimirs Brunnen bekannt. Er wurde einer von Odins Lieblingsorten, wenn er nachdenken musste.

◆ Niemand weiß genau, was mit Hönir geschah. Aber es heißt, er wird als einer der wenigen Gottheiten Ragnarök überleben und sich an der neuen Welt erfreuen – was vermutlich besser ist, als seinen Kopf zu verlieren!

„Es gab fast nichts, was der kluge Mimir nicht wusste, doch selbst er konnte das Schicksal der Gottheiten nicht abwenden."

FREY

GOTT DER FELDER UND DER FRUCHTBARKEIT, DER AUF EINEM GLÄNZENDEN, GOLDENEN EBER RITT

Streifte durch Alfheim, die strahlende Heimat der Lichtalben

Frey war wie sein Vater, der Meeresgott Njörd, seine Schwester Freya und die anderen Wanen ein Fruchtbarkeitsgott. Er sorgte dafür, dass die Felder gediehen und das Korn reifte. Ohne Frey wäre die Welt ein karger Ort gewesen. Er wurde von allen geschätzt. Insbesondere verehrten ihn aber die Bauern und all die Menschen, die von ländlichen Erträgen lebten.

Eines schicksalhaften Tages beschloss Frey, sich auf Odins Hochsitz Hlidskjalf zu setzen, der für ihn eigentlich absolut tabu war. Als er über die Welten schaute, erblickte er eine wunderschöne Riesin in leuchtender Rüstung und verliebte sich hoffnungslos. Er hatte so großen Liebeskummer, dass er weder essen noch schlafen konnte. Sein Vater Njörd sorgte sich immer mehr um seinen Sohn, aber Frey wollte niemandem sagen, warum er so krank aussah. Schließlich stieg Freys treuer Diener Skirnir vom Himmel ins Land der Riesen hinab, wie ein Sonnenstrahl, der durch eine Wolke bricht. Er fand die hübsche Riesin, die Gerda hieß. Unter vielen Drohungen brachte er sie dazu, sich mit seinem Herrn zu treffen und dessen Gemahlin zu werden, und Freys Wangen nahmen endlich wieder Farbe an. In Liebesdingen mussten die Gottheiten immer ihren Kopf durchsetzen.

Einst besaß Frey ein magisches Schwert, das von allein kämpfen konnte. Doch er gab es Skirnir, damit es ihn bei seiner Reise zu Gerda beschützte. Und deshalb ist es Frey bestimmt, in der letzten Schlacht Ragnarök ohne Schwert auf den Feuerriesen Surt zu treffen. Auch wenn Surt den Fruchtbarkeitsgott schließlich tötet, wird sich Frey tapfer bis zum Ende schlagen.

◊ Freys wertvollste Besitztümer waren der goldene Eber Gullinborsti, der seinen Wagen durch die Lüfte zog und den Nachthimmel erleuchtete, und das sagenumwobene Langschiff Skidbladnir, das sich zusammenfalten ließ, sodass es der Gott in der Tasche tragen konnte.

◊ Als dem kleinen Frey der erste Zahn gewachsen war, bekam er das strahlende Reich Alfheim geschenkt. Das war zugleich die Heimat der Lichtalben, hoch oben im Himmel gelegen, wo die Luft dünn und das Licht am hellsten ist.

◊ In der Hoffnung auf eine gute Ernte stellten Bauern manchmal eine hölzerne Statue von Frey auf einen Wagen und zogen damit von Haus zu Haus.

„Warmer Sonnenschein, satter Boden, sanfter Regen: Das waren Anzeichen dafür, dass Frey das Land gesegnet hatte.“

„Freyas Name flüsterten alle Liebenden, und jene, die noch auf Liebe hofften, trugen ihn in ihren Gedanken."

Einst erklärte sich Freya bereit, einem treuen Schützling dabei zu helfen, seinen Stammbaum zu erkunden. Und so verwandelte sie ihn in einen Eber mit goldenen Borsten und ritt auf ihm zum Heim einer Riesin, die alles über seine Familie wusste. Freya unterstützte ihn, weil er ihr zu Ehren einen Steinaltar errichtet und nur ihr Opfergaben dargebracht hatte.

FREYA

AM MEISTEN BEGEHRENDE UND MEISTBEGEHRTE ALLER GOTTHEITEN, DIE IN LIEBESDINGEN ANGERUFEN WURDE

War in ihrer Halle Sessrumnir anzutreffen oder dort, wohin ihr Herz sie führte

Freya, die Schwester von Frey, war die Göttin der Fruchtbarkeit und Liebe. Sie war in allen neun Welten für ihre Schönheit und ihr Interesse an kostbaren Gütern bekannt. Freya kam von Vanaheim nach Asgard und lehrte die Gottheiten die verbotensten Zauberkünste und die wahre Macht der Begierde. Sie hatte viele Liebhaber und war ständig auf der Suche nach weiteren.

Freya war an ihrem kunstvollen Halsreif, dem sagenumwobenen Falkengewand sowie an ihrem Wagen zu erkennen, der von anmutigen Katzen gezogen wurde. Sie herrschte über das Feld Folkvang, wohin die Walküren die Hälfte aller im Kampf Gefallenen brachten, damit sie im Jenseits trinken, tafeln und sich auf die Ragnarök vorbereiten konnten. Dort hatte Freya eine gut eingerichtete Halle namens Sessrumnir, in der sie ein freudvolles Leben führte. Sie war dafür bekannt, Affären mit Menschen zu haben. Widmete man ihr ein Gedicht, konnte sie nicht widerstehen. So gewann man ihre Gunst. Aber all ihre Liebhaber wussten, dass ihr Wohlwollen nicht von Dauer war. Sie prustete vor Lachen, wenn jemand sie bat, ihr freies Liebesleben aufzugeben!

Von allen Göttinnen war es die schöne Freya, die die Riesen nur allzu gern entführt und in ihre felsige Heimat verschleppt hätten. Doch Freya wurde schon beim vorsichtigsten Vorschlag, nach Jötunheim zu reisen und sich mit einem Riesen einzulassen, fuchsteufelswild. Und niemand in den neun Welten konnte Freya dazu bringen, etwas zu tun, was sie nicht wollte.

◆ Freya wurde einmal von einem Gott überrascht, der in ihr Schlafgemach eindrang. Sie war so entsetzt über den Eindringling, dass ihr ein Pups entwich! An diesen peinlichen Vorfall wurde Freya jedoch nicht gern erinnert, und nur Loki war so gemein, es in der Öffentlichkeit zu erwähnen.

◆ Freyas Gemahl Od ging eines Tages auf Reisen und kehrte nicht zurück. Auch wenn sie tapfer war, weinte Freya, wenn sie allein war, und ihre Tränen sollen sich in rotes Gold verwandelt haben. Ihre gemeinsamen Töchter hießen Hnoss und Gersimi, was beides „Kostbarkeit" bedeutet.

◆ Freya besaß Brisingamen, den kostbarsten Halsreif, der je erschaffen wurde. Der Schelmengott Loki stahl ihn ihr, und Freyas Zorn über seine Dreistigkeit ließ den Himmel beben.

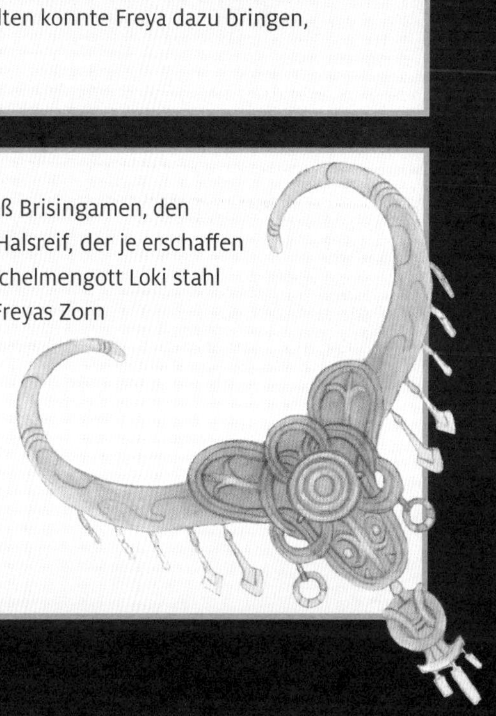

„Ob es das Geräusch von sprießendem Gras oder der Flügelschlag einer Motte in der Welt da unten war: Nichts entging der Aufmerksamkeit des Wächters.“

HEIMDALL

WÄCHTER DER GOTTHEITEN, DER DIE REGENBOGENBRÜCKE IM BLICK BEHIELT

Saß unter dem Weltenbaum und wachte über die Welten unter ihm

Heimdall war der Wächter von Asgard und Bifröst, der Regenbogenbrücke, die die Welt der Menschen mit der Welt der Gottheiten verband. Er soll von neun Müttern geboren worden sein und war mit einem unglaublichen Seh- und Hörvermögen gesegnet. Heimdall konnte in rabenschwarzer Nacht ebenso gut wie am helllichten Tag sehen und hörte sogar die Wolle auf den Schafen wachsen. Zuweilen wurde er als „weißer Gott" bezeichnet, vielleicht weil er sich, wenn er Wache hielt, an den Weltenbaum lehnte und sein Rücken dabei mit klebrig-weißem Lehm beschmiert wurde.

Heimdall konnte man kaum übersehen, denn sein Mund war voller goldener Zähne. Zudem trug er das prächtige goldene Gjallarhorn bei sich, mit dem der Gott Mimir einst aus der Quelle der Weisheit getrunken hatte. Heimdall blies in das Gjallarhorn, um die Gottheiten zu warnen, wenn sich Riesen der Regenbogenbrücke näherten. Als Wächter brauchte er weniger Schlaf als ein Vogel, was praktisch war, denn er durfte die Brücke nicht aus den Augen lassen.

Unter einem anderen Namen besuchte Heimdall einmal die Menschenwelt und übernachtete in drei verschiedenen Häusern: der Hütte ärmlicher Landarbeiter, dem Gehöft von Bauern und der Halle von Adligen. Neun Monate darauf bekam jedes Paar ein Kind, und diese Kinder wuchsen heran und zeugten weitere Kinder. Manche sagten, aufgrund seiner Zeit in Midgard stammten alle Menschen von Heimdall ab – vom ärmsten Knecht bis zum mächtigsten Herrscher.

◆ Einst kämpfte Heimdall gegen Loki in Gestalt eines Seehundes und holte Freyas gestohlenen Halsreif zurück. Keiner der beiden Götter vergaß je diese alte Fehde, und es ist Heimdall und Loki bestimmt, einander in der letzten Schlacht zwischen Riesen und Asen zu töten.

◆ Heimdall besaß ein wunderschönes Pferd mit goldener Mähne, das Gulltopp hieß. Er ritt auf dem glänzenden Ross zu Versammlungen und Festen der Gottheiten, blieb aber nie lange, sondern kehrte rasch auf seinen Wachtposten an der Regenbogenbrücke zurück.

TYR

GOTT DES KRIEGES UND DER TAPFERKEIT, DER EINE HAND AN DEN FENRISWOLF VERLOR

Wo immer eine Schlacht tobte oder eine mutige Tat vollbracht wurde, da war Tyr nicht weit

Tyr war als „einhändiger Gott" bekannt, was seine berühmteste Heldentat hervorhebt. Tyr wurde für seinen Mut derart bewundert, dass ein Wochentag (Dienstag) und die T-Rune nach ihm benannt wurden. Tyrs Mutter war eine Riesin, und es hieß, sein Vater sei auch ein Riese gewesen. Doch im Gegensatz zu Loki war Tyr den Gottheiten treu ergeben.

Tyr verlor seine Hand im Rachen des Fenriswolfs, Lokis bösartigem Spross. Als Fenrir ein Welpe war, glaubte Odin, man könne den Wolf am besten im Auge behalten, wenn er bei den Gottheiten aufwuchs, und das funktionierte auch ... eine Weile. Doch bald wurde Fenrir so groß, dass selbst Odin ihn nicht mehr im Griff hatte und nur Tyr sich traute, das Tier abends zu füttern. Mit der Zeit bekam selbst der beherzte Tyr Angst vor den riesigen Zähnen und Klauen des Wolfes. Und so heckten die Gottheiten einen Plan aus, wie sie ihn in Ketten legen konnten. Odin trug den Zwergen auf, eine besondere Fessel anzufertigen, die leicht und schmal wie ein Band war, aber stärker als alles andere auf der Welt. Fenrir witterte die List und wollte sich das Band erst überstreifen lassen, wenn ein Gott die Hand in sein Maul steckte. Ohne zu zögern trat Tyr vor. Da durften die Gottheiten dem Wolf die Fessel anlegen und ihn an einen großen Felsen binden. Als Fenrir aber merke, dass er sich nicht befreien konnte, biss er fest in Tyrs Hand und ließ nicht los. Der Gott büßte seine Hand ein, weinte und klagte jedoch kein bisschen. So tapfer war Tyr.

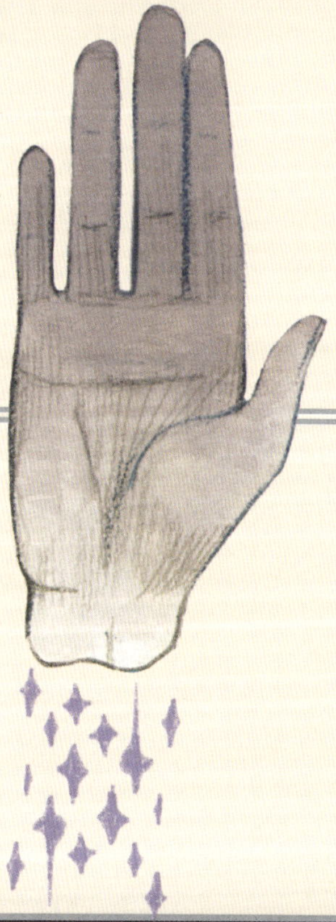

◇ Tyr wird sein Ende im Kampf gegen eine andere schreckliche Kreatur finden, den Hund Garm, der den Eingang von Hel bewacht und sich von seiner Kette losreißen wird. Und der unerschrockene Tyr wird auch diesmal nicht kneifen, obwohl er weiß, dass er sterben wird.

◇ Die Menschen, die die nordischen Gottheiten verehrten, nannten das Handgelenk zu Ehren Tyrs „Wolfsgelenk".

◇ Tyrs Rune wurde zum Andenken an den heldenhaften, kampferprobten Gott auf so manches Schwerter eingekerbt.

„Kühne Krieger beteten zu Tyr, damit er ihnen in der Schlacht beistand und sie den Verlust eines Körperteils ebenso klaglos hinnehmen würden wie ihr Held.“

„Wenn Weizenfelder reif zum Ernten waren und in der Sommersonne gelb leuchteten, erinnerte das die Menschen an Sif und ihr schönes, goldenes Haar.“

SIF

GÖTTIN DES WEIZENS MIT GOLDENEM HAAR

Ist in Asgard, im Herzen der Götterfamilie zu Hause

Sif, die goldhaarige Göttin, war mit dem rotbärtigen Thor verheiratet. Ihr Name bedeutet „angeheiratete Verwandte". Sie half dabei, die Götterfamilie zusammenzuhalten. Am berühmtesten war sie für ihr außergewöhnliches Haar, und das Licht tanzte auf ihren goldenen Locken, wenn sie durch die Gärten und Felder Asgards wandelte. Alle, die sie sahen, sagten, ihr Haar wirke wie reines Gold, und da hatten sie Recht! Tatsächlich handelte es sich bei ihrem Haar um Goldgeflecht, aber das war nicht immer so ...

Als sie noch eine junge Frau gewesen war, wurde Sifs Haar von allen bewundert. Es fiel ihr in langen, blonden Wellen über den Rücken, und wenn sie ging, schimmerte es wie ein Weizenfeld in einer sanften Brise. Eines Tages beschloss Loki, Sif einen Streich zu spielen, und schnitt ihre goldene Haarpracht ab, während sie schlief. Als Sif erwachte und die Haarbüschel an der Stelle fühlte, an der einst ihre hübschen Locken gewesen waren, brach sie in Tränen aus. Loki bereute seine Tat augenblicklich, als Thor ihn in die Finger bekam. „Wenn du die Sache nicht wieder in Ordnung bringst, zerquetsche ich dir jeden Knochen im Leib!", brüllte Thor. Loki wusste, dass er diesmal sein Vergehen wiedergutmachen musste und bat die besten Metallarbeiter im Land der Zwerge, einen Ersatz anzufertigen. Das Goldgeflecht war so erlesen, dass Sif ihr abgeschnittenes Haar ganz vergaß.

Das Bemerkenswerteste an Sifs Kunsthaar war nicht, wie echt es aussah, sondern dass es wuchs wie natürliches Haar! Auf ihrem Kopf trug Sif nun einen Schatz, der sich ständig mehrte, und bei einigen Dichtern ist „Sifs Haar" eine Bezeichnung für Gold.

- Sif war die Mutter von Ull, des Gottes der Bogenschützen. Er stammte aus einer früheren Ehe. Thor war diesem kampflustigen Jungen ein guter Stiefvater.

- Einige munkeln, Loki sei nur deshalb so nahe an Sif herangekommen, dass er ihr das Haar abschneiden konnte, weil die beiden heimlich ein Liebespaar waren! Doch das ist vielleicht nur ein böses Gerücht, das Loki in die Welt setzte, um es den Gottheiten heimzuzahlen.

- Thors Vater Odin verspottete einmal seinen Sohn, als der einen Fluss überqueren wollte, und warf ihm alle möglichen Kränkungen an den Kopf, um zu sehen, wie der Rotbart reagiert. Unter anderem behauptete er, Sif habe in Asgard einen Liebhaber. Von allen Beleidigungen war dies für Thor die schmerzhafteste.

BRAGI & IDUN

GOTT DER DICHTKUNST UND DES GESANGS. GÖTTIN DER JUGEND UND ERNEUERUNG

Sah man oft bei Zusammenkünften, und sie liebten Spaziergänge durch die Obstgärten von Asgard

Bragi war ein redegewandter Gott. Seine Stimme war tief und klar, und er fand zu jedem Anlass die richtigen Worte. Er war der beste Dichter in allen neun Welten, und es gab keinen Vers und kein Lied, das er nicht gemeistert hätte.

Neben seiner Sprachfertigkeit war Bragi auch für seinen langen Bart bekannt, der fast bis zum Boden reichte. Er war der Gemahl der ewig jungen Idun. Und obwohl sein Bart ein ganzes Leben gebraucht haben musste, um zu wachsen, sah er nicht wie ein alter Mann aus, denn Idun hatte die Macht, alle in ihrem Umfeld zu verjüngen.

Idun hatte glatte Haut, glänzendes Haar und ein strahlendes Lächeln. Sie sprühte vor Jugend, und das sollte immer so bleiben. Ihre Kraft bezog sie aus den Äpfeln der Unsterblichkeit, die sie von einem ganz besonderen Baum pflückte. Diese Äpfel trug sie stets in einer Holzschatulle bei sich, und so lange Idun diese schimmernden Früchte mit den anderen Gottheiten teilte, waren auch diese vor dem Alter gefeit. Selbst der graubärtige Odin hatte die Energie eines jungen Mannes. Und es gab ihn schon seit Anbeginn der Welt!

Iduns Gabe wurde den Gottheiten schmerzlich bewusst, als der Riesenadler Thjazi die Göttin verschleppte. Ohne Iduns Äpfel wurden die Gelenke der Gottheiten steif und ihre Haare grau. Bragi humpelte herum wie ein uraltes Geschöpf, das er ja auch war. Erst als Loki in Gestalt eines Falken ins Riesenland hinabstieß und Idun zurückholte, gewannen die Gottheiten ihre Stärke zurück: Die Falten verschwanden von ihrer Haut, und ihr Rücken wurde wieder gerade.

◆ Die Dichtkunst war für die nordischen Völker und bei den Wikingern sehr wichtig. Ein König war nichts wert, wenn er keinen Dichter hatte, der seine Triumphe besang und bei seinem Tod seiner Reise nach Walhall gedachte.

◆ Iduns Name ist sehr passend und bedeutet „die Verjüngende“.

„Bragi muss Hunderte Gedichte verfasst haben über die Schönheit seiner Frau und das unschätzbare Geschenk, das sie den Gottheiten machte.“

NJÖRD & SKADI

EIN UNGLEICHES PAAR

Lebten im Hochgebirge oder an der Meeresküste

Njörd und Skadi waren verheiratet, aber nicht glücklich. Tatsächlich konnte man kein Paar finden, das weniger gemein hatte! Zunächst einmal war Njörd alt – der älteste des Göttergeschlechts der Wanen –, und Skadi war jung und ein wenig ungestüm. Njörd war der Gott des Meeres und dessen Reichtümer, und er wurde von Seeleuten und Fischern verehrt. Skadi wiederum lebte hoch in den Bergen, weit weg vom Meer, und verbrachte ihre Tage mit Skifahren und der Jagd mit Pfeil und Bogen. Auf Skiern bewegte sich Skadi so schnell wie der Schatten einer Wolke, die durch die Berge zieht.

Skadi heiratete Njörd als Entschädigung, weil man ihren Vater, den grimmigen Riesen Thjazi, getötet hatte. Dafür erlaubte Odin ihr, sich einen der Götter zum Mann auszusuchen. Doch es gab einen Haken: Sie musste ihren Zukünftigen anhand seiner Füße auswählen! Alle Götter stellten sich hinter einem Tuch auf, unter dem nur ihre Füße hervorlugten. Skadi entschied sich sofort für die glattesten Füße, weil sie dachte, die müssten dem schönen Gott Baldur gehören. Aber da irrte sie sich. Es waren die Füße des alten Njörd! Sie waren so geschmeidig und sauber, weil er immer barfuß durch die Wellen lief.

Zunächst versuchten Skadi und Njörd, gemeinsam in ihrem Bergreich zu leben. Aber nachdem er neun Nächte Gewittern und Wolfsgeheul gelauscht hatte, hielt Njörd es nicht mehr aus. Dann zogen sie in Njörds Halle am Meer, doch Skadi konnte wegen der brausenden Wellen und kreischenden Seevögel nicht schlafen. Nach weiteren neun Nächten kehrte Skadi nach Hause zurück. Es war besser, wenn sie getrennt lebten!

- Da sich im Meer unzählige Fische und andere, dem Menschen nützliche Geschöpfe tummeln, war Njörd als reicher und großzügiger Gott bekannt. Sein Name wurde manchmal als Bezeichnung für jemanden verwendet, der sehr wohlhabend ist.

- Skadis Halle wurde Thrymheim (Lärmheim) genannt wegen der heftigen Stürme, die die Berge umtosten. Njörds Heim hieß Noatun, was „Schiffsplatz“ bedeutet, und so nah am Wasser lag wie irgend möglich!

„An klaren Tagen konnte Njörd
bis zu Skadis eisbedeckten Bergen
sehen und Skadi bis hinunter zum
glitzernden Meer blicken."

„Selbst die Gottheiten konnten der Versuchung des glänzenden Goldes nicht widerstehen, und so ist es auch heute noch in der Menschenwelt.“

GULLVEIG

GEHEIMNISVOLLE, GOLDENE FRAU, DIE UNVERSEHRT DEN FLAMMEN ENTSTIEG

Zog von Heim zu Heim und lehrte Frauen die Kunst der Magie

Gullveig ist der Name einer Fremden, die in den glücklichen Tagen, als die Welt noch jung war, zu Odins Halle kam. Sie war schön und funkelte wie Edelmetall. Ohne Skrupel packten die goldgierigen Gottheiten sie, griffen sie mit Speeren an und warfen sie in ein großes Feuer, weil sie auf ihre goldenen Überreste erpicht waren. Doch obwohl das Feuer weißglühend loderte, entstieg Gullveig ihm ohne einen einzigen Kratzer. Die Gottheiten waren erstaunt. Dreimal warfen sie Gullveig ins Feuer, doch jedes Mal tauchte sie unversehrt und so glänzend wie zuvor wieder auf.

Nachdem Gullveig zum dritten Mal dem Feuer entstiegen war, nahm sie einen neuen Namen an, Heid, was „strahlend" bedeutet. Die Gottheiten wussten, dass ihnen nichts anderes übrig blieb, als sie gehen zu lassen. Sie begab sich nach Midgard, der Menschenwelt, wo sie von Haus zu Haus reiste, in Trance ihre Magie ausübte, die Zukunft weissagte und den Frauen, die dort lebten, mächtige Zaubersprüche beibrachte.

Manche sagen, die goldene Frau stamme aus der Familie der Wanen, die man nur sehr schwer töten kann, und das, was die Asen ihr angetan hatten, habe den Krieg zwischen den beiden Göttergeschlechtern ausgelöst. Doch das wussten die Asen nicht, als sie sie ins Feuer stießen. Reine Habgier hatte sie zu der schrecklichen Tat getrieben.

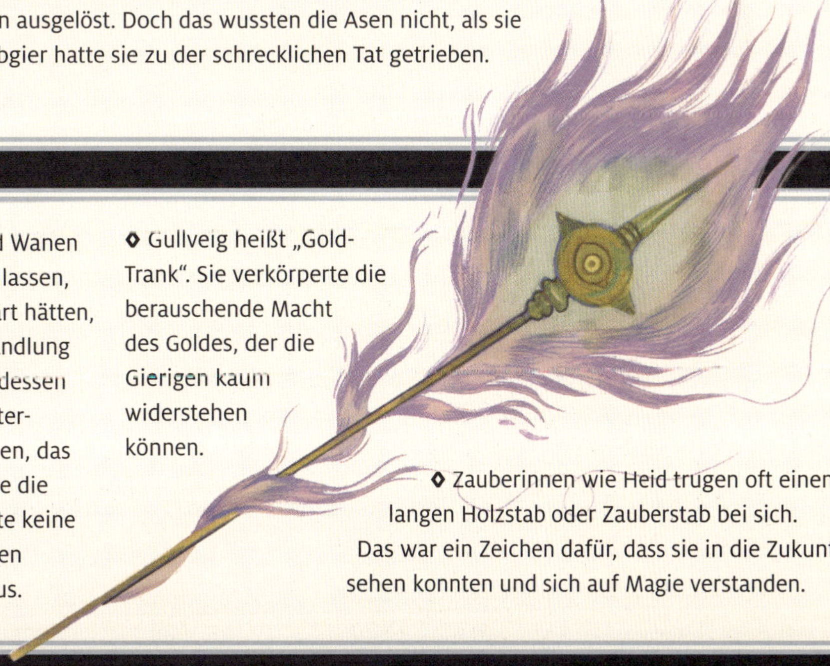

- Der Krieg zwischen Asen und Wanen hätte sich vielleicht vermeiden lassen, wenn die Asen sich bereit erklärt hätten, Schmerzensgeld für die Misshandlung von Gullveig zu bezahlen. Stattdessen beschlossen sie, gegen ein Göttergeschlecht in den Krieg zu ziehen, das ebenso schwer zu töten war wie die goldene Göttin. Am Ende konnte keine Seite gewinnen, und die Familien riefen einen Waffenstillstand aus.

- Gullveig heißt „Gold-Trank". Sie verkörperte die berauschende Macht des Goldes, der die Gierigen kaum widerstehen können.

- Zauberinnen wie Heid trugen oft einen langen Holzstab oder Zauberstab bei sich. Das war ein Zeichen dafür, dass sie in die Zukunft sehen konnten und sich auf Magie verstanden.

„Die Kinder der Gottheiten hatten die Chance, die Fehler ihrer Eltern zu vermeiden und eine bessere Welt zu erschaffen.“

DIE KINDER DER GOTTHEITEN

MÄCHTIGE KINDER VON ODIN UND THOR, DIE DIE ENDZEITSCHLACHT ÜBERLEBEN

Schirmen ihre Augen vor der Sonne in einem weiten, grünen Land ab

Nicht allen Gottheiten ist es bestimmt, bei der Ragnarök zu sterben. Einige der Kinder von Thor und Odin werden der Vernichtung entgehen und über die neue Welt herrschen, die aus der Asche der alten auferstehen wird.

Vidar, ein Sohn Odins, wurde nur zu einem Zweck geboren: den Fenriswolf zu ermorden und den Tod seines Vaters zu rächen. Um darauf vorbereitet zu sein, trug Vidar einen besonderen Schuh mit verstärkter Sohle. Er ist dazu bestimmt, in das gewaltige Maul des Wolfes zu treten, und daher musste der Schuh der stärkste der Welt sein! Auch Hödur und Vali waren Söhne von Odin. Hödur wurde blind geboren, und als Loki ihn dazu brachte, seinen Bruder Baldur zu erschießen, befanden die anderen Gottheiten, dass er bestraft werden müsse. Und so zeugte Odin ein weiteres Kind, das den bedauernswerten Hödur töten sollte. Vali war unglaublich stark und erst einen Tag alt, als er Hödur das Leben nahm! Vali ist dazu ausersehen, die Ragnarök zu überleben, und Hödur wird mit Baldur aus Hel zurückkehren. Die Brüder werden Arm in Arm und ohne Groll in die neue Welt schreiten. Magni, Modi und Thrud waren die Kinder von Thor. Ihre Namen bedeuten „der Starke", „der Zornige" und „Kraft, Frau". Sie werden nach der Ragnarök in der neuen Welt leben. Magni war erst ein Kleinkind, als er seine Stärke zum ersten Mal unter Beweis stellte. Er zog seinen stolzen Vater unter dem Bein eines gefallenen Riesen hervor, das ihn zu zerquetschen drohte. Thors Tochter Thrud war ebenso kräftig wie ihre Brüder und für ihren außergewöhnlichen Teint bekannt, der so weiß wie Schnee war. Thrud war aufmüpfig, und als Thor einmal nicht da war, willigte sie ein, den Zwerg Alviss zu heiraten. Thor verwickelte den Zwerg in einen Wissensstreit, der währte, bis die Sonne aufging, die Thruds armen Verlobten in Stein verwandelte!

◆ Über Modi ist nicht viel bekannt, außer dass er und Magni Thors Hammer gemeinsam in die neue Welt tragen werden. Er wird ein ausgezeichneter Schutz sein, falls die Ungeheuer je zurückkehren.

THORS HAMMER

Die Geschichte von Thors Hammer begann, als Loki Sifs goldenes Haar abschnitt. Thor war so wütend auf Loki, dass er drohte, ihm jeden Knochen einzeln zu brechen, wenn der Schelmengott nicht einen Weg fände, die Sache in Ordnung zu bringen!

Loki begab sich nach Svartalfaheim zu den steinernen Hallen der Zwerge, die sich am besten aufs Schmieden verstanden. Der Gauner bezahlte zwei Zwerge dafür, dass sie einen wunderschönen Ersatz aus zartem Goldgeflecht schufen. Und um die Gottheiten zu besänftigen, bat Loki die Handwerker zugleich, ein Geschenk für Odin und Frey anzufertigen. Odin bekam den Speer Gungnir und Frey das Schiff Skidbladnir, das sich wie ein Tuch zusammenfalten und in die Tasche stecken ließ.

Loki bewunderte die Gaben und wurde gierig. Der Gott ging zu einer anderen Werkstatt im Zwergenreich und redete mit dem Schmied Sindri und dessen Bruder Brokk. „Wenn ihr drei Gegenstände herstellen könnt, die so magisch sind wie diese", sagte Loki und zeigte ihnen Kunsthaar, Speer und Schiff, „dann bekommt ihr zur Belohnung den Kopf des großen Loki." Brokk nahm die Herausforderung und den Preis dafür an.

Zuerst legte Sindri eine Schweinshaut in die Esse und bat Brokk, den Blasebalg in Gang zu halten, was auch geschehe. Selbst als eine Fliege ihn kräftig in die Hand biss, wich Brokk nicht zurück, und Sindri schmiedete einen prächtigen Eber mit goldenen Borsten, der zu Land und zu Wasser laufen und nachts den Weg leuchten konnte.

Dann schüttete Sindri Gold in die Feuerstelle. Auch dieses Mal betätigte Brokk den Blasebalg, selbst als eine Fliege auf seinem Hals landete und ihn mit doppelter Kraft biss. Sindri gab Loki einen goldenen Ring namens Draupnir, von dem in jeder neunten Nacht acht weitere Ringe tropfen würden.

Schließlich erhitzte Sindri Eisen, und Brokk betrieb den Blasebalg. Die Fliege, die kein anderer als Loki war, landete zwischen Brokks Augen und biss wieder heftig zu. Brokk zuckte vor Schmerz zusammen und ließ den Blasebalg kurz ruhen, um die Fliege zu verscheuchen. Sindri überreichte Loki Mjöllnir, einen wundersamen Hammer. Doch weil Brokk einen Moment lang keine Luft zugeführt hatte, war der Stiel des Hammers zu kurz geraten.

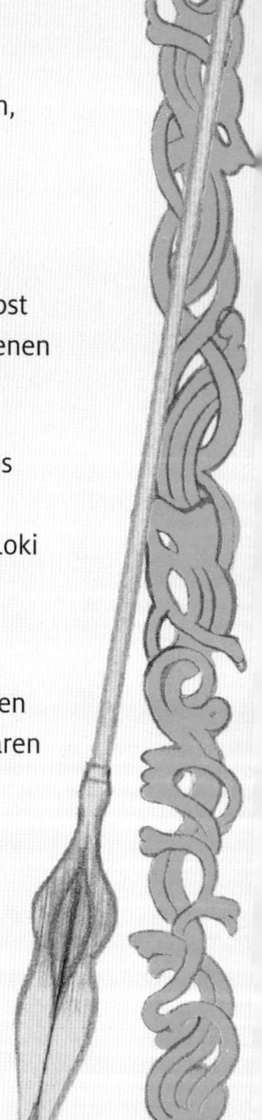

Loki und Brokk reisten zurück nach Asgard und präsentierten die Schätze den Gottheiten, damit sie entschieden, welche drei Gegenstände die besten waren und wer die Wette gewonnen hatte.

Die Gottheiten kamen überein, dass zwar alle Dinge wertvoll, der Hammer Mjöllnir aber der kostbarste sei, trotz des kurzen Stiels. Er sollte die Geheimwaffe der Gottheiten im Krieg gegen die Riesen sein.

Zu Lokis Pech hatte er seinen Kopf verwettet und nun verloren! Doch bevor Brokk sein Messer zücken und das Haupt des Gottes abschneiden konnte, hatte Loki eine Idee. „Ich habe euch meinen Kopf versprochen, aber nicht meinen Hals – das eine kannst du haben, aber wenn du das andere antastest, brichst du die Abmachung, und die Gottheiten werden dich töten lassen."

So sehr er auch grübelte, Brokk fand keinen Weg, wie er Lokis Kopf abtrennen konnte, ohne den Hals des Gottes zu verletzen, und er erkannte, dass er überlistet worden war. Mit Lokis Kopf aber konnte er machen, was er wollte, und bevor er ging, nähte der Zwerg daher dem Plagegeist den Mund zu! Die Gottheiten waren erleichtert, dass Loki für eine Weile zum Schweigen gebracht worden war. Doch alle waren sich einig, dass Loki die Verstümmelung von Sifs Haar gesühnt hatte. Mit einem Geschenk lässt sich viel Unheil wiedergutmachen, und wenn es sich dabei um den mächtigen Hammer Mjöllnir handelt, ist fast alles verziehen!

DIE GESCHICHTE DER DICHTKUNST

Die nordischen Gottheiten liebten es, Geschichten und Lieder zu hören, wenn sie in ihren Hallen tafelten. Doch am besten gefielen ihnen Gedichte, vor allem, wenn sie von ihnen selbst und ihren großen Taten berichteten!

Die Geschichte der Dichtkunst beginnt mit dem Waffenstillstand zwischen Asen und Wanen, der nach einem langen, kräftezehrenden Krieg zwischen den Göttergeschlechtern geschlossen wurde. Als Zeichen des Friedens tauschten sie Geiseln aus und spuckten alle in eine Schüssel. Odin fand, es sei eine Schande, seine Spucke zu vergeuden, und verwandelte die Flüssigkeit in einen Mann. Der Name des aus dem Speichel geborenen Mannes war Kvasir. Er soll das weiseste Geschöpf in allen neun Welten gewesen sein. Doch leider konnte er nicht so gut einschätzen, wer Freund oder Feind war, und es dauerte nicht lange, bis ihn zwei Zwerge gefangennahmen. Sie ließen alle Flüssigkeit aus Kvasir rinnen und brauten daraus drei riesige Kessel voll süßem Met, dem berühmten Honigwein der Gottheiten. Der Met verlieh jedem, der davon trank, die Gabe der Dichtkunst.

Die Zwergenbrüder hatten jedoch nicht lange etwas von ihrem Gebräu. Bald gerieten sie mit dem Riesen Suttung in Streit, der es an sich nahm. Er versteckte den Trunk in einer Höhle tief im Inneren eines mächtigen Berges und befahl seiner Tochter Gunnlöd, darauf aufzupassen.

Als Odin davon erfuhr, begab er sich in Verkleidung zu Suttungs Berg und bat um etwas Met – doch der Riese lachte ihm ins Gesicht. „Verschwinde, Graubart“, höhnte er. „Der Met gehört mir, jeder einzelne Tropfen!“ Odin tat so, als würde er gehen. Doch im Schutz der Dunkelheit bohrte er ein Loch durch die Bergwand bis zur Höhle, in der Gunnlöd den Met bewachte. Dann verwandelte er sich in eine Schlange und glitt in ihr Zimmer.

Gunnlöd freute sich so sehr über die Gesellschaft, dass sie Odin jeden Wunsch erfüllte. In jeder Nacht, die Odin dort verbrachte, ließ sie ihn einen Schluck Met trinken, und Odins Züge waren wahrhaft gewaltig. Nach drei Nächten hatte er alle drei Kessel geleert! Sobald er den letzten Rest vertilgt hatte, zeigte Odin der armen Gunnlöd die kalte Schulter, verwandelte sich in einen Adler und machte sich aus dem Staub.

Auch Suttung nahm die Gestalt eines Adlers an und jagte Odin über das Land der Riesen bis nach Asgard. Als Odin über die Mauer flog, spuckte er den Met in Fässer, die die Gottheiten bereitgestellt hatten. Suttung kam ihm dabei jedoch so nahe, dass Odin vor Schreck ein paar Tropfen Met aus dem Hintern fahren ließ. Man sagte, sie seien auf die Erde geträufelt, und jeder, der schlechte Verse schrieb oder grässliche Lieder sang, habe vom Met aus Odins Allerwertesten gekostet! Fähige Dichter bekamen etwas vom echten Poetentrank, dem Skaldenmet, ab. Und wenn sie davon beflügelt waren, hieß es, sie seien erfüllt von Speichel, Blut und bernsteinfarbenem Göttermet.

RIESEN, UNGEHEUER UND SAGENGESTALTEN

Die größten Widersacher der nordischen Gottheiten waren die Riesen, auch Jötnar genannt. Sie waren die ersten Geschöpfe, die zu Anbeginn der Zeit den Nebeln entstiegen, und einst hatte ihnen die ganze Welt gehört.

Als die Gottheiten in Erscheinung traten und Ymir töteten, verbannten sie die überlebenden Riesen und deren Nachkommen an den Rand der Welt – zu den hohen Bergen, Lavafeldern und fernen Meeren. Ihr Reich hieß Jötunheim. Es war ein trostloser Ort aus Eis und zerklüfteten Felsen, an dem sich Stürme aus dem Nichts zusammenbrauten und den die Menschen um jeden Preis mieden.

Die Riesen vergaßen nie, was die Gottheiten ihren Ahnen angetan hatten und sannen stets auf Rache. Ihre Macht zogen die Riesen aus den Naturgewalten, die über die Welt hereinbrachen: Brände und Fluten, herabstürzende Felsen und eisiger Hagel, der die Ernte vernichtete. Alles, was die Gottheiten erschaffen hatten, drohten die Riesen zu zerstören.

Wenn Gottheiten und Riesen aufeinandertrafen, kam es oft, aber nicht immer zu Kämpfen. Die Riesen verfügten über Wissen aus uralter Zeit, das die Gottheiten in Erfahrung bringen wollten, und sie besaßen gewaltige Schätze. Riesinnen gebaren starke Kinder, und häufig heirateten sie einen Gott und wurden selbst zu Göttinnen. Thors Mutter war die Riesin Jörd. Vermutlich ist sie der Grund, warum er so wuchtig und stark war.

Auch wenn die Riesen die Feinde der Gottheiten waren, waren es die Ungeheuer, vor denen sich Odins Familie wirklich fürchtete. Die drei schrecklichsten Ungetüme waren allesamt Kinder von Loki: die grimmige Hel, die über die Toten herrschte, der Fenriswolf, aus dessen Maul ein Fluss troff, und die Midgardschlange, die sich um die ganze Welt gewunden hatte. Die Angst der Gottheiten war berechtigt!

Einige Sagengestalten hatten ein besseres Verhältnis zu den Gottheiten. Die geheimnisvollen Alben oder Elfen, die in den hellsten Winkeln des Himmels wohnten, und die Zwerge, die Kostbarkeiten unter der Erde herstellten, halfen den Asen hin und wieder. Die Nornen, die den Schicksalsfaden aller Lebewesen spannen, waren weder Freundinnen noch Feindinnen der Gottheiten. Keiner hatte Gewalt über sie.

ÄGIR & RAN

RIESEN DES MEERES, DIE ÜBER DESSEN ZERSTÖRERISCHE KRAFT HERRSCHTEN UND SEELEUTEN DEN TOD BRINGEN KONNTEN

Lebten tief im Meer und in den Wellen, die die Küsten umtosten

Ägir und Ran waren Meeresriesen, und – wie ihre feuchte Heimat – konnten sie ruhig und wohlwollend zu Seeleuten sein oder wild und tödlich. Ägir soll eine Halle auf der dänischen Insel Hléysey gehabt haben, seine Gemahlin Ran hingegen bevorzugte offene Gewässer und die stürmische See.

Im Gegensatz zu den meisten Riesen hatte Ägir ein gutes Verhältnis zu den Gottheiten. Einst reiste er von seiner Inselheimat nach Asgard und wurde dort herzlich empfangen. Er aß wohlschmeckende Speisen, trank starken Met und stellte viele Fragen über die Welt. Ägir fühlte sich von den Gottheiten so gut behandelt, dass er sie auf die Insel Hléysey zu einem Festmahl in seine prächtige Halle einlud. In der Halle gab es kein Licht, doch Ägir nahm glänzendes Gold aus seinem riesigen Schatz und verteilte es auf dem Boden, damit es hell wurde. Der Riese war für seine Magie ebenso wie für seine Reichtümer bekannt, und zum Festschmaus trugen sich Speis und Trank von allein auf! Es gab Platz für alle Gottheiten und Alben, und alle sagten, Ägirs Gastfreundschaft sei unübertroffen in allen neun Welten.

Ran war ganz anders als ihr Gemahl. Sie besaß ein gewaltiges Netz, mit dem sie Seeleute fing und auf den Grund des Meeres zog. Wenn jemand auf See verschollen war, hieß es, Ran habe ihn in ihre Arme genommen. Die neun Töchter von Ägir und Ran waren die Meereswellen und hatten Namen wie „die sich Hebende", „die Schäumende", „Blutig-Haar", „die Himmelsglänzende" und „die Wogende". Sie konnten den Seeleuten eine angenehme Gesellschaft sein und sanft gegen den Bug des Schiffes plätschern, oder sie warfen das Boot herum wie ein Spielzeug und zerschmetterten es in einem Wutanfall am Ufer. Man musste Ran und ihre neun ungestümen Töchter auf seiner Seite haben, sonst war die offene See ein sehr gefährlicher Ort.

◆ Als Ägir nach Asgard kam, boten die Gottheiten alles auf. Sie beleuchteten die Halle mit glänzenden Schwertern und schmückten sie mit Teppichen und bunt bemalten Schilden. Sie boten den besten Met an und kochten die erlesensten Speisen. Niemand konnte behaupten, die Asen seien schlechte Gastgeber!

◆ Ägir hatte keinen Kessel, der groß genug war, um Bier für alle Gottheiten und Alben zu brauen. Und so schickten die Gottheiten Thor nach Jötunheim, damit er dort einen auftrieb. Das gelang ihm auch, aber nicht, ohne dabei gegen ein oder zwei Riesen zu kämpfen!

Auf Ägirs Fest verdarb Loki die Stimmung, weil er einen von Ägirs Knechten erschlug. Der arme Kerl hatte nichts falsch gemacht. Loki war einfach nur darüber verärgert, dass alles so harmonisch war!

„Der alte Njörd war ein Gott der Küsten und ruhigen Gewässer, Ägir und Ran hingegen hatten Macht über die wilde, offene See, die selbst die Gottheiten nicht kontrollieren konnten.“

*„Hrungnir war der beste Kämpfer der Riesen:
Er war so hart wie die härtesten Felsen von Jötunheim und
so bedrohlich wie Donner in den Bergen.“*

HRUNGNIR

STREITLUSTIGER RIESE MIT EINEM HERZ AUS STEIN UND EINEM WETZSTEIN ALS WAFFE

In den felsigen Ebenen von Jötunheim anzutreffen

Hrungnir war unter den Riesen einer der furchterregendsten. Sein Kopf und Herz waren aus dem härtesten Stein. Er trug einen polierten Felsen als Schild und einen riesigen Wetzstein als Waffe. Eines schicksalhaften Tages jagte Hrungnir den mächtigen Odin über den Himmel. Beide gaben ihren Pferden die Sporen, damit sie schneller galoppierten als der Wind. Als die Reiter Asgard erreichten, befolgten die Gottheiten die heiligen Gesetze der Gastfreundschaft und boten dem Riesen einen Trunk an. Hrungnir war kein angenehmer Gast und trank so viel Bier, dass er anfing, vor den Gottheiten zu prahlen und sie zu beleidigen.

Als Thor nach Hause kam und den rüpelhaften Riesen in der Halle vorfand, traute er seinen Augen nicht. Er sagte Hrungnir, dass er ihm den steinernen Schädel zerschmettere, wenn Hrungnir nicht sofort verschwinde! Hrungnir stand schwankend auf und torkelte zu Thor. „Wenn ich meinen Schild und meinen mächtigen Wetzstein hätte, würde ich dich plattmachen!“, schrie er. „Ich wette, du würdest dich nicht trauen, es mit mir aufzunehmen, wenn ich vollständig bewaffnet wäre!“ Obwohl es ihn in den Fingern juckte, den Riesen auf der Stelle anzugreifen, willigte Thor zähneknirschend in einen Zweikampf am Rande des Riesenlandes ein. So sollte es geschehen ...

Aus allen neun Welten kamen Geschöpfe, um den Kampf zu sehen. Die Riesen bauten einen kolossalen Mann aus Lehm, der an Hrungnirs Seite kämpfen sollte. Thor nahm nur seinen gewitzten Diener Thjalfi mit. Der flüsterte Hrungnir ins Ohr, dass Thor sich durch die Erde graben und ihn von unten attackieren werde, und der Riese glaubte ihm. Hrungnir legte sich den Schild unter die Füße und besiegelte damit sein Schicksal. Natürlich hatte Thjalfi gelogen! Statt sich durch die Erde zu wühlen, rannte Thor auf den Riesen zu und schleuderte seinen Hammer, als Hrungnir den Wetzstein warf. Die Waffen prallten mit einem gewaltigen Knall aufeinander. Der Wetzstein zerbarst in hunderte Teile, und einer davon traf Thor in die Schläfe und ließ ihn benommen zu Boden sinken. Der Hammer jedoch erwischte Hrungnir genau zwischen den Augen und brach seinen großen, steinernen Kopf entzwei.

◆ Für Thjalfi war es ein Leichtes, mit dem Lehmwesen fertig zu werden. Da dessen Herz von einer verängstigten Stute stammte, hatte es kaum eine Chance. An jenem Tag verging den Riesen die Lust zu prahlen.

◆ Thor wurde unter einem der tonnenschweren Beine Hrungnirs eingeklemmt, als der Riese zusammenbrach. Nur sein Sohn Magni war stark genug, das Bein anzuheben. Da war Magni erst drei Jahre alt! Zum Dank schenkte Thor ihm Hrungnirs Pferd.

◆ Der Splitter des Wetzsteins, der Thor getroffen hatte, steckte den Rest seines Lebens in seiner Schläfe.

THRYMIR

FURCHTEINFLÖSSENDER BERGRIESE, DER THORS HAMMER STAHL

Residierte auf seinem großen Anwesen in Jötunheim

Thrymir war ein Angeber und wollte von allem nur das Beste. Er entwendete Thors Hammer und versteckte ihn tief unter der Erde. Wenn Thor Mjöllnir wiedersehen wollte, mussten die Gottheiten Freya, die schönste Frau der Welt, Thrymir zur Gemahlin geben.

Niemand konnte Freya dazu bringen, etwas zu tun, was sie nicht wollte. Also schlug Heimdall vor, dass sich Thor als die Göttin verkleide und vorgebe, Thrymir heiraten zu wollen. Die Idee gefiel Thor ganz und gar nicht, aber was blieb ihm anderes übrig? Er schaute finster drein, als Freya ihn in ein Hochzeitsgewand zwängte und einen Schleier über sein Gesicht legte. Loki, der sich nie die Gelegenheit für einen unterhaltsamen Nachmittag entgehen ließ, begleitete Thor als Zofe.

Thrymir war ganz zapplig vor Aufregung, als die Gäste zur Hochzeit erschienen. Er nahm zwischen der Braut und deren Zofe Loki Platz. Thor lüftete den Schleier und verputzte alle Speisen in Reichweite, gefolgt von einem ganzen gebratenen Ochsen und zwei Fässern Met! Thrymir war etwas erstaunt, aber Loki versicherte ihm, seine Braut habe einfach nur einen gesunden Appetit. Später hob Thrymir den Schleier an, um einen Kuss zu ergattern – und blickte in Thors Augen, die ihn anfunkelten! „Keine Sorge“, sagte Loki, „deine Braut hat seit der Verlobung nicht geschlafen, weil sie so nervös ist, deshalb sehen ihre Augen fürchterlich aus.“

Nach dem Festmahl befahl Thrymir seinen Dienern, Thors Hammer herbeizuschaffen, um das Paar zu segnen und die Ehe zu besiegeln. Sobald Thor Mjöllnir erblickte, sprang er auf und warf den Schleier ab. Er schwang seinen Hammer und versetzte Thrymir einen solchen Schlag, dass er bis hinunter nach Hel stürzte. Der Gott war so in Rage, dass er auch Thrymirs Hochzeitsgäste erschlug. Er wollte es dem Riesen heimzahlen, dass er ihm den Hammer geraubt hatte und ihn dazu gebracht hatte, in einem Brautkleid zu erscheinen. Ganz anders als Thor und Thrymir amüsierte Loki sich so gut, wie seit Jahren nicht mehr!

◇ Manche glauben, die Geschichte sei von Christen erdacht worden, um Thor zu verspotten, weil er ein Kleid trug. Doch die nordischen Völker verehrten ihre Gottheiten nicht nur, sondern nahmen sie auch auf den Arm und schrieben ihnen menschliche Eigenschaften zu. Thor mag in dem zu engen Kleid lustig ausgesehen haben. Loki hingegen war geradezu dafür geboren, sich zu verkleiden und jede beliebige Gestalt anzunehmen.

◇ Thrymir war ein ziemlicher Aufschneider. Er besaß eine Herde Stiere mit goldenen Hörnern und ein Rudel riesiger Hunde mit goldenen Halsbändern, die er stets bei sich führte. Er war es gewöhnt, dass er seinen Willen durchsetzte. Doch Thors Hammer zu stehlen, ging eindeutig zu weit!

◇ Es war weder das erste noch das letzte Mal, dass sich Loki als Frau verkleidete. Der Gott verwandelte sich auch in eine alte Frau, um Frigg ihre Geheimnisse zu entlocken. Frigg bemerkte nicht, dass sie ebenjenen Loki vor sich hatte, den sie jeden Tag in Asgard sah!

„Thrymir muss so blind vor Liebe und so aufgeregt darüber gewesen sein, das zu bekommen, was er von den Gottheiten verlangt hatte, dass er den roten Bart und die prallen Muskeln seiner Braut nicht bemerkte!“

„Utgardloki konnte Dinge herbeizaubern und mit einem Fingerschnippen wieder verschwinden lassen. Selbst seine riesige Festung verschwand, wenn er es wollte.“

UTGARDLOKI

DURCHTRIEBENER RIESE, DER THOR ZU EINER KRAFTPROBE VERLEITETE

Hauste in seiner Burg in einem Lavafeld

Utgardloki war ein König unter den Riesen. Er lebte in einer gewaltigen, steinernen Burg inmitten eines Lavafeldes. Er hieß Gäste zwar willkommen, forderte sie dann aber oft zu Wettkämpfen heraus und setzte Magie ein, um zu gewinnen. Thor und seine Begleiter Loki und Thjalfi sollten das am eigenen Leib erfahren, als sie den Riesen besuchten.

Den ersten Wettkampf trugen Loki und ein Knecht namens Logi aus. Loki entschied sich für ein Wettessen, aus dem der als Sieger hervorging, der als Erster einen Trog voller Speisen verputzt hatte. Loki aß so schnell er konnte, und die beiden Gegner wurden gleichzeitig fertig. Doch Logi hatte nicht nur die Speisen, sondern auch den Trog verschlungen! Es stand 1:0 für die Riesen. Dann wählte der flinke Thjalfi einen Laufwettbewerb. Er rannte drei Runden um ein Lavafeld gegen einen Burschen, der Hugi hieß. Bei jedem Rennen ließ Utgardlokis Kandidat jedoch Thjalfi immer weiter hinter sich.

Thor suchte sich ein Wetttrinken aus, und Utgardloki reichte ihm ein langes Horn, das bis zum Rand gefüllt war. „Kinderspiel!“, dachte Thor. Doch er trank, bis sein Gesicht knallrot anlief, und als er in das Gefäß schaute, war darin fast noch so viel Met wie zuvor. Als Nächstes forderte Utgardloki ihn auf, eine große Katze vom Boden hochzuheben. Aber wie sehr sich der Gott auch streckte, die Katze krümmte bloß den Buckel und blieb mit drei Füßen auf dem Boden! Thor war wütend und verlangte einen Ringkampf. Der Riese trug einer gebrechlichen alten Frau auf, mit Thor zu ringen. Und so sehr sich Thor auch mühte, er konnte die Frau nur dazu bringen, ein Knie zu beugen. Gedemütigt verließen die Götter Utgardlokis Burg, aber als sie sich zum Gehen wandten, rückte der Riese mit der Wahrheit heraus. Loki hatte sich ein Wettessen mit einem wilden Feuer geliefert. Thjalfi war gegen die Gedanken des Riesen angetreten. Thor hatte mit dem Alter gerungen, das niemand besiegen kann. Die Katze, die er hochheben wollte, war in Wirklichkeit die Schlange, die sich um die ganze Welt wand. Und er hatte aus einem Horn getrunken, das ins Meer ragte. Mit seinen gewaltigen Zügen hatte er so viel Wasser daraus entnommen, dass er die Gezeiten geschaffen hatte. Also hatten sich die Götter gar nicht so schlecht geschlagen!

◆ Utgard war der Name für die Länder außerhalb des Schutzes von Midgard, der Welt der Menschen. Ein trostloser Ort mit dunklen Wäldern, zerklüfteten Lavafeldern und hochaufragenden Bergen, wo Riesen, Trolle und andere wilde Geschöpfe hausten.

◆ Als die Götter zu Utgardlokis Burg kamen, konnte selbst der gewaltige Thor das Tor nicht aufstemmen. Die Götter waren aber klein genug, um sich durch die Gitterstäbe zu zwängen!

◆ Nachdem die Götter die Burg verlassen hatten, löste Utgardloki sie durch einen Zauber in Luft auf. Er hatte gesehen, wie stark die Götter waren und wie Thor das Alter fast besiegt hätte. Er hatte keine Lust, dass diese Gäste noch einmal bei ihm aufkreuzten!

GJALP & GREIP

MÄCHTIGE RIESENSCHWESTERN, DIE ES MIT DEM MÄCHTIGEN THOR AUFNAHMEN

Lebten an der Grenze Jötunheims und in der Höhlenhalle ihres Vaters

Gjalp und Greip waren zwei grimmige Riesinnen. Sie lebten in der in den Felsen gehauenen Halle ihres Vaters Geirröd, die von Wasserfällen gesäumt war. Die Schwestern verkörperten die Kraft der Flüsse im Land der Riesen – Flüsse, die Thor auf seinem Weg nach Jötunheim passieren musste.

Einmal wurde Thor von Loki überredet, ohne seinen Hammer in das Land der Riesen zu reisen. Der Gott kam an einen brausenden Fluss, den er überqueren musste. Thor hatte einen Holzstab, mit dem er sich gegen das wirbelnde Wasser stemmte, als er hineinwatete. Doch als er die Flussmitte erreicht hatte, begann das Wasser, bis zu Thors Hals zu steigen. Er schaute das Tal hinauf und sah, dass Gjalp auf einem Felsen stand und ins Wasser pinkelte! Wenn Riesen pinkeln, dann nicht in einem Rinnsal, sondern in einem gewaltigen Schwall, und der verband sich mit dem Fluss zu einem reißenden Strom. Thor musste sich schnell etwas einfallen lassen. Er spuckte und prustete, während er einen Stein vom Flussbett aufhob. Als die Wellen über ihm zusammenzuschlagen drohten, warf er den Stein nach Gjalp, die deshalb in den Fluss stürzte. Nachdem sich das Wasser beruhigt hatte, konnte Thor sich an überhängenden Ebereschen festhalten und herausklettern.

Zu Thors Pech war Gjalps Schwester ebenso bösartig! Als Thor die Höhlenhalle von Geirröd erreichte, wurde er zu einer kleinen Höhle außerhalb geführt, in deren Mitte ein Stuhl auf dem Boden stand. Nach seinem Kampf mit Gjalp war Thor froh, sich setzen zu können. Aber kaum hatte er Platz genommen, schwebte der Stuhl nach oben. Thor blickte hinunter und erkannte Gjalp und Greip unter sich. Sie versuchten, ihn an der Decke zu zerquetschen! Das wäre den Riesinnen auch gelungen, wenn Thor seinen Holzstab nicht dabeigehabt hätte. Damit stieß er sich von der Decke ab, drückte den Stuhl schließlich zurück auf den Boden und klemmte Gjalp und Greip zwischen Stuhl und Boden ein. Thor sollte nie vergessen, dass es diesen Riesenschwestern fast gelungen wäre, ihm den Garaus zu machen – und das alles an einem einzigen Morgen!

◆ Als Thor schließlich Geirröds Halle betrat, stellte er fest, dass der Vater Fremden gegenüber genauso feindlich wie seine Töchter eingestellt war. Der Riese warf eine glühende Eisenstange nach Thor, der sie mit seinen Eisenhandschuhen auffing und direkt zurückwarf. Sie durchbohrte Geirröd, die Steinsäule hinter ihm und selbst die Höhlenwand!

◆ Die Wikinger nannten die Eberesche „Thors Beschützer". Sie ist zwar ein kleiner Baum, hat aber starke Wurzeln, die sich nur sehr schwer von ihrem Untergrund lösen.

„Thor focht zahllose Kämpfe mit dem Geschlecht der Riesen aus. Aber nur die Riesenschwestern Gjalp und Greip kamen einem Sieg über ihn so nahe.“

FENJA & MENJA

KRAFTVOLLE RIESINNEN, DIE SALZ AUF DEM GRUND DES MEERES MAHLEN

Schufteten auf dem Meeresgrund an ihrer Mühle

Fenja und Menja waren zwei Riesinnen, die stärker waren als jeder Mensch. Als sie jung waren, wurden sie gefangengenommen und gezwungen, im Land eines Menschenkönigs zu arbeiten – Frodi von Dänemark.

In Frodis Königreich gab es zwei gewaltige Mühlsteine, die seit Jahren niemand hatte benutzen können, weil sie zu groß und schwer waren. Es hieß, diese Mühle würde alles mahlen, was der König sich wünschte, und so befahl Frodi Fenja und Menja, ihre Stärke unter Beweis zu stellen. Sie schoben und drückten, und die Steine begannen sich zu drehen. Statt Mehl rieselte pures Gold aus der Mühle, und Frodi wurde zu einem wahrlich reichen König. Dann forderte er die Riesinnen auf, Frieden und Wohlstand für sein Königreich zu mahlen. Und so lange die Mühle lief, gedieh Dänemark.

Leider werden Menschen immer gieriger, je mehr sie haben. Frodi ließ Fenja und Menja keine Ruhe, und schließlich hatten sie genug. Die Riesinnen erschufen mit der Mühle ein Heer wilder Krieger. Ein Seekönig namens Mysing führte die Mühlsteinarmee an. Sie töteten König Frodi und luden all seine Reichtümer auf ihre Schiffe.

König Mysing hätte ein langes und glückliches Leben führen können, aber auch er war unersättlich. Er befahl den Riesinnen, Salz auf dem Deck seines Langschiffes zu mahlen. Fenja und Menja schufteten den ganzen Tag, bis sie einen großen Haufen Salz hatten. Doch Mysing verbot ihnen, damit aufzuhören. Und so mahlten sie und mahlten, bis der Salzhaufen so schwer wurde, dass er das Schiff versenkte. Fenja und Menja sanken mit der Mühle auf den Grund des Meeres. Und da niemand ihnen Einhalt gebieten kann, werden sie dort für immer Salz mahlen.

◆ Man erzählte sich, während der Herrschaft von König Frodi hätte man einen goldenen Ring auf der Wiese liegenlassen können, und niemand wäre es in den Sinn gekommen, ihn zu stehlen, weil die Riesinnen so viel Gold mahlten.

◆ Das Mahlen der Mühle erzeugte einen riesigen Strudel auf der Meeresoberfläche. Wenn Seefahrer ihn sahen, segelten sie so schnell sie nur konnten von Fenja und Menja weg!

◆ Die nordischen Völker glaubten, Meerwasser sei salzig, weil Fenja und Menja auf dem Meeresgrund Salz mahlten.

„Riesen waren
von Natur aus mächtig
und gefährlich. Doch
im Fall von Fenja und
Menja ging die größte
Gefahr von der Gier der
Menschen aus.“

ZWERGE

GESCHÖPFE DER FELSEN, DIE METALL UND EDELSTEINE VERARBEITETEN

Bewohnten große Steinhallen unter der Erde

Schon bald, nachdem sie Ymir getötet und aus seinem riesigen Körper die Welt geformt hatten, erschufen die Gottheiten die Zwerge. Sie waren bereits ein uraltes Volk, lange bevor die Menschen auf der Welt auftauchten. Auf ihre Abstammung und ihr Wissen über die Vergangenheit waren sie sehr stolz.

Die Zwerge begannen ihr Leben als blinde Kreaturen, die in Ymirs Fleisch herumwühlten. Odin und seine Brüder beschlossen, es sei eine Verschwendung, wenn sie keine Bestimmung hätten, und sie verliehen ihnen die Fähigkeiten zu sehen, zu sprechen und zu hören sowie zu denken. Diese Geschöpfe waren klug, fingerfertig und stellten gern Kostbarkeiten her. Sie entschieden sich, unter der Erde zu wohnen und bauten ihre Hallen in das Innere von Felsen und Bergen. Einige Zwerge vertrugen so wenig Tageslicht, dass sie zu Stein wurden, wenn sie sich in der Sonne aufhielten! Andere Zwerge lebten gern unter den Menschen und reisten zwischen ihrem unterirdischen Reich Svartalfaheim und den Ländern an der Oberfläche hin und her.

Als Metallarbeiter und Schmiede waren die Zwerge unübertroffen. Wenn die Menschen auf prächtige Waffen oder Schmuckstücke stießen, wussten sie, dass Zwerge sie gemacht haben mussten. Einige der wertvollsten Besitztümer der Gottheiten stammten aus der Hand von Zwergenschmieden. Odins Speer Gungnir, Freys Schiff Skidbladnir und Sifs goldenes Kunsthaar wurden von den Söhnen des Zwerges Ivaldi hergestellt und besaßen große Macht. Der goldene Eber, der Ring „Tropfer" und Thors mächtiger Hammer wurden von den Zwergen Sindri und seinem Bruder Brokk geschmiedet. Die Zwerge liebten Gold und bewachten es eifersüchtig. Als Loki den Goldhort des Zwerges Andvari stahl, verfluchte dieser den Schatz und sorgte dafür, dass jeder, der ihn besaß, ein schreckliches Ende fand! Zwei andere Zwergenbrüder töteten den Weisen Kvasir, nur um an sein Wissen zu gelangen. Selbst die Gottheiten mussten auf der Hut sein, wenn sie die Steinhallen der Zwerge aufsuchten.

◆ In einem nordischen Gedicht werden die Namen wichtiger Zwerge aufgeführt. Einige davon wurden in abgewandelter Form durch die Erzählung *Der Hobbit* des englischen Schriftstellers J. R. R. Tolkien berühmt – Gandalf und Thorin Eichenschild, Bifur, Bofur und Bombur sowie Fili und Kili.

◆ Vier berühmte Zwerge wurden an die vier Ecken der Welt gestellt und hatten die Aufgabe, den Himmel zu halten. Ihre Namen waren „Nord", „Süd", „Ost" und „West".

Zwerge besaßen eine menschenähnliche Gestalt. Sie konnten im Dunkeln gut sehen und waren durch ihre Steinmetz- und Schmiedearbeit stark und stämmig.

„Ein von den Zwergen hergestelltes Objekt war sehr kostbar. Manchmal verlangten sie aber einen unangemessenen Preis – zum Beispiel Lokis Kopf!“

„Wenn am
Weltenende aller
Wesen gedacht wird,
wird Odin als größter
unter den Gottheiten,
Yggdrasil als größter unter
den Bäumen und Sleipnir
als größtes unter den
Pferde genannt
werden.“

SLEIPNIR

ODINS ACHTBEINIGES PFERD

Durchquerte die Welten und trug den Allvater auf seinem Rücken

Sleipnir war das beste Pferd, das sich in den neun Welten fand. Er hatte schönes graues Fell und eine glänzende Mähne, aber es gab etwas anderes, an dem man ihn leicht erkennen konnte: seine acht Beine. Sleipnir hatte einen ungewöhnlichen Ursprung – der Schelmengott Loki brachte ihn auf die Welt! Ausnahmsweise zeugten Lokis Streiche einmal kein Ungeheuer, sondern ein wunderbares Geschöpf, das von allen Gottheiten bewundert wurde.

Die Geschichte von Sleipnirs Geburt begann mit einem hoch aufgeschossenen Baumeister, der nach Asgard kam und anbot, eine Mauer zu bauen, die die Gottheiten vor allen Eindringlingen, einschließlich der Riesen, schützen würde. Dafür verlangte er einen hohen Preis – Sonne und Mond und die hübsche Göttin Freya obendrein. Die Gottheiten ließen sich auf den Handel ein und versicherten Freya, dass der Baumeister die Arbeit niemals in der Zeit vollenden könne, die sie ihm gegeben hatten, nämlich nur einen Winter.

Zum Unglück der Gottheiten hatte der Fremde ein magisches Pferd namens Svadilfari. Svadilfari konnte gigantische Steinblöcke zur Mauer ziehen, die sein Besitzer mit seiner enormen Kraft an ihren Platz hievte. Die Mauer wurde rascher fertig, als es die Gottheiten für möglich gehalten hätten, und sie gerieten in Panik. Sie beschlossen, Loki um Hilfe zu bitten, dem auch bald etwas einfiel.

Am Tag darauf verwandelte sich Loki in eine ansehnliche Stute und tänzelte vor Svadilfari hin und her. Die Loki-Stute wieherte und schlug mit dem Schweif, bis sich der Hengst von seinem Geschirr befreite und ihr in den Wald nachlief. Der Baumeister konnte die Mauer nicht rechtzeitig fertigstellen. Thor kam nach Hause. Er erkannte, dass der Baumeister ein Riese war und jagte ihn zum Teufel! Kurze Zeit darauf gebar Loki ein besonderes Fohlen. Es hatte acht Beine und konnte schneller laufen als viel größere Pferde. Odin taufte es Sleipnir und beanspruchte es für sich. Nie sollte es ein besseres Pferd geben – oder eines mit so ungewöhnlichen Eltern!

◊ Sleipnir konnte auf jedem Untergrund laufen und selbst über die Meere und den Himmel galoppieren. Außerdem war er in der Lage, Odin den langen und tückischen Weg nach Hel hinunterzutragen und sicher ins Land der Lebenden zurückzubringen.

◊ Zum Glück mussten die Gottheiten Sonne und Mond nicht hergeben oder Freya den Riesen überlassen. Allerdings stellte der Baumeister die Mauer nicht fertig, und das Götterreich Asgard war nie vollständig vor den Riesen geschützt. Der Handel hatte sich für niemanden ausgezahlt!

DIE WALKÜREN

HIMMLISCHE KRIEGERINNEN, DIE DIE GEFALLENEN AUSWÄHLTEN

Wachten über jede Schlacht der Welt

Die Walküren waren kriegerische Geistwesen, die bestimmen konnten, wer im Kampf starb. Sie trugen schimmernde Kettenhemden, leuchtende Schilde und preschten auf schnellen Pferden vom Himmel herab in die Welt der Menschen. Wie groß oder klein die Schlacht auch war, die Walküren waren zur Stelle, wie Geier, die über ihrer Beute kreisen. Sie hatten bereits entschieden, wen sie davontragen würden, und die Krieger konnten nichts tun, um sie umzustimmen.

War man dazu auserkoren, im Kampf zu fallen, war das an und für sich nichts Schlechtes. Beschieden die Walküren einem Krieger den Tod, bedeutete dies, dass er Teil eines Einherjar genannten Eliteheers im Jenseits wurde. Dort lebten diese Krieger in Odins Halle Walhall oder unter Freyas Schutz auf dem weiten Feld Folkvang. In Walhall brachten die Krieger ihre Tage damit zu, mit Schwert und Speer zu kämpfen. Abends speisten die Auserwählten an langen Tafeln, während die Walküren ihnen Hörner mit goldenem Met reichten. Der kam aus dem Euter einer magischen Ziege und ging nie zur Neige. Stets saß Odin an der hohen Tafel und wachte über das Festmahl.

Die Walküren suchten nur die besten Krieger für die Einherjar aus, denn sie bereiteten sich auf den Kampf gegen die Riesen am Weltenende vor. Wenn die Ragnarök kommt und die Ungeheuer sich Asgard nähern, werden die Einherjar an der Seite der Gottheiten und Walküren stehen und sich furchtlos der Dunkelheit stellen. Ragnarök wird nichts für Feiglinge sein, und daher waren die Walküren sehr bedacht bei der Auswahl der Helden.

◆ Manchmal waren die Walküren mit Odin nicht einer Meinung, welche Partei einen Kampf gewinnen und welche Krieger sterben sollten. Eine Walküre namens Brynhildur widersetzte sich Odin und musste daraufhin ihre Macht aufgeben und einen Menschen heiraten – die schlimmste Strafe, die er sich vorstellen konnte!

◆ Die Walküren hatten Namen, die zu ihrer kriegerischen Natur passten, wie „Siegtreiberin“, „Kampflärm“ und „Speerkampf“. Einige konnten sich in Schwäne verwandeln, und gelegentlich erschienen sie Menschen als weißhalsige Frauen in gefiederten Gewändern.

„Die Wikinger glaubten, es sei viel besser, im Kampf zu fallen und nach Walhall gebracht zu werden, als an Krankheit oder Alter im Bett zu sterben.“

„Die Elfen forderten von den Menschen Respekt. Wenn man sie nicht in die Gebete einbezog, konnten sie alle möglichen Krankheiten und Unglücksfälle heraufbeschwören."

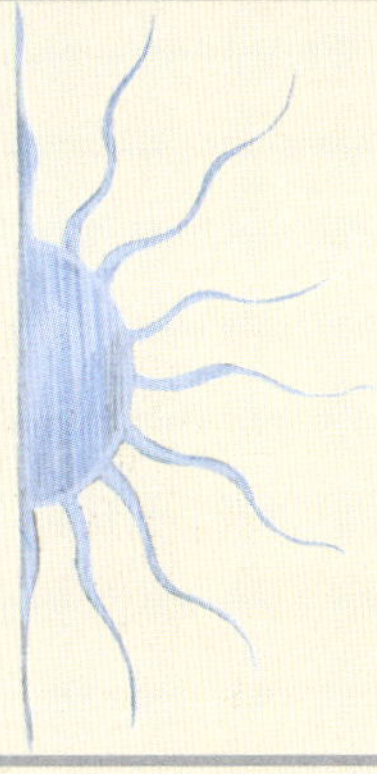

ELFEN

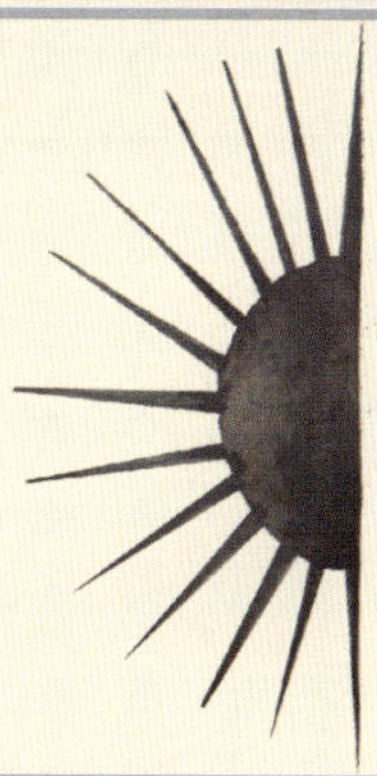

GEHEIMNISVOLLE WESEN, DIE LIEBER UNSICHTBAR BLIEBEN

Traf man im hellen Alfheim oder im düsteren Svartalfaheim an

Die Alben oder Elfen, wie man sie auch nennt, waren geheimnisvolle, magische Wesen, die den Asen sehr nahestanden. Oft nahmen sie an den Festen der Gottheiten teil, und die Menschen beteten um den Schutz der Elfen ebenso wie um den Beistand der Gottheiten.

Die Elfen hatten zwei Reiche in den neun Welten. Die Lichtalben lebten im leuchtenden Alfheim hoch über den Wolken. Der Gott Frey herrschte über dieses lichte Land, wo die Luft dünn war und die Sonnenstrahlen auf dem Wasser glitzerten. Die Elfen, die hier wohnten, waren ebenso blendend hell wie das Licht über den Wolken. Die Dunkelalben weilten an einem ganz anderen Ort. Sie bevölkerten die Höhlen von Svartalfaheim tief unter der Erde. Manche sagten, sie teilten sich das unterirdische Reich mit den Zwergen, und Dunkelalben und Zwerge seien nur schwer voneinander zu unterscheiden gewesen. Sie strahlten nicht wie ihre Brüder und Schwestern in Alfheim, doch ihre Augen schimmerten wie Monde in der Dunkelheit und sie verstanden sich auf die Herstellung kostbarer Dinge.

Wurde ein Kind mit weißer Haut und klaren Augen geboren, hieß es, es sei „hell wie ein Elf". Doch Alben konnten auch bösartig sein und Menschen schaden. Sie waren dafür bekannt, Pferde scheu zu machen und Nutztiere zu schwächen. Bei Menschen konnten sie geistige und körperliche Krankheiten erzeugen. Hatte jemand stechende Schmerzen oder lag im Fieberwahn, munkelte man, er sei von Elfenpfeilen getroffen worden!

Ein berühmter Alb hieß Völund, war der Fürst seines Volkes und der beste Handwerker in den neun Welten. Eines Tages nahm ihn der Menschenkönig Nidud gefangen und zwang ihn, wertvolles Geschmeide für den König und sein Gefolge zu fertigen. Der König durchschnitt dem Alb die Sehnen in den Kniekehlen, sodass er nicht fliehen konnte. Aber mit Elfen sollte man sich lieber nicht anlegen. Völund tötete Niduds Kinder und hinterließ dem König ein grausiges Geschenk: Schmuck aus Knochen und Körperteilen. Dann flog er mit Schwingen, die er aus Schwanenfedern gemacht hatte, in die Freiheit.

◆ Die Alben waren bei Ägirs Festmahl dabei, als Loki alle Anwesenden beleidigte und die Geheimnisse der Gottheiten preisgab. Denen war es besonders peinlich, dass alle ihre Fehltritte vor den Elfen ausgebreitet wurden!

◆ Viele adlige und mächtige Menschen wurden nach Elfen benannt. Der Name Alfred bedeutet „von den Elfen beraten", und die skandinavischen Namen Alva und Alf heißen „Elfe"'.

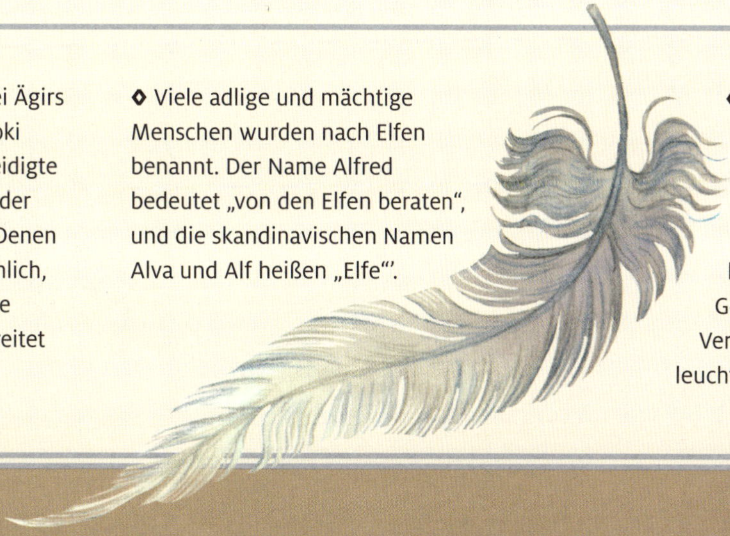

◆ Das Reich der Lichtalben, Alfheim, wurde Frey geschenkt, als er seinen ersten Zahn bekam. Er ist der Gott, der die engste Verbindung zu diesen leuchtenden Geschöpfen hat.

HUGINN & MUNINN

ODINS RABEN „GEDANKE" UND „ERINNERUNG"

Flogen über die neun Welten

Huginn und Muninn waren die beiden scharfäugigen Raben Odins. Sie saßen auf den Schultern des Allvaters oder neben ihm auf seinem Thron in Walhall und flüsterten ihm ihre Geheimnisse ins Ohr. Sie standen immer bereit, die Befehle ihres Herrn auszuführen und auf der Suche nach Neuigkeiten die neun Welten zu durchqueren.

Odins Raben waren nicht wie ihre Artgenossen, sahen ihnen jedoch so ähnlich, dass nur Odin sie wirklich auseinanderhalten konnte. Das machte sie zu sehr nützlichen Spionen, denn die Menschen wussten nie genau, ob es sich bei dem blauschwarzen Raben, der auf einem Baum hockte oder vom Dach eines Hauses krächzte, um Huginn, Muninn oder einen gewöhnlichen Vogel handelte. Schien einen ein Rabe zu beobachten, während er über einem kreiste oder durch die Tür spähte, war man lieber auf der Hut. Die Namen Huginn und Muninn bedeuten „Gedanke" und „Erinnerung", und wo immer Odins Gedanken waren, waren auch die Raben. Er schickte sie jeden Morgen bei Tagesanbruch los, und sie kehrten zur Frühstückszeit zurück und erzählten ihm, was es Neues gab. Sie brachten Kunde über Kriege, die sich in der Menschenwelt zusammenbrauten, oder klärten ihn über Liebesbeziehungen auf. Ihnen entgingen weder große Ereignisse noch kleine Details, was Odin stets einen Vorteil verschaffte, wenn er das Heim von Königen oder mächtigen Riesen aufsuchte. Wenn ein unerwarteter Besucher in grauem Umhang in einer Halle auftauchte, konnte man sicher sein, dass Huginn und Muninn zuvor dort gewesen waren und alle Geheimnisse des Gastgebers beobachtet, belauscht und in Erfahrung gebracht hatten. Obwohl nur Huginn und Muninn Odin gehörten, hatten alle Raben eine Beziehung zu dem Gott. Sie spürten, wann eine Schlacht bevorstand, und zogen ihre Runden am Himmel, während sie darauf warteten, dass Blut floss. Huginn und Muninn machten da keine Ausnahme – sie pickten gern an toten Kriegern, und oft kamen sie zu Odin mit blutglänzenden Schnäbeln zurück!

◊ Odin besaß auch zwei Wölfe, die er an der hohen Tafel in Walhall von seinem Teller fütterte. Bei Odin waren sie zahm, bei jedem anderen aber wild.

◊ Die Verbindung zwischen Odin, Huginn und Muninn war so stark, dass er oft als Rabengott bezeichnet wurde. Auf goldenen Amuletten, die seine Anhänger trugen, war er als Gott mit einem Speer und auf dem Rücken eines Pferdes abgebildet, über dem zwei Raben flogen.

◊ Der Rabe war für diejenigen Menschen heilig, die auch Odin verehrten. Die Wikinger zogen manchmal mit einem schwarz-weißen Rabenbanner in den Krieg. Es flatterte im Wind und ließ die Raben lebendig wirken.

„Odin wusste mehr über das, was in der Welt geschah, als jeder andere Gott, und das verdankte er seinen Rabengefährten Huginn und Muninn.“

„Alles Gute
und Schlechte,
was geschah, war
auf die Nornen
zurückzuführen.
Keiner konnte
dem Schicksal
entfliehen.“

DIE NORNEN

SCHICKSALSFRAUEN, DIE DEN LEBENSFADEN ALLER GESCHÖPFE SPANNEN

Wohnten unter den Wurzeln des Weltenbaums am Urdbrunnen

Die Frauen, die als Nornen bekannt waren, lenkten das Schicksal jedes Lebewesens in der Welt. Sie bestimmten, wer ein gutes Leben haben und wen Leid ereilen sollte. Selbst die Gottheiten vermochten es nicht, die Zukunft zu ändern, die diese drei geheimnisvollen Frauen festgelegt hatten.

Die Namen der Nornen waren Urd, Verdandi und Skuld. Sie wussten alles, was in der Vergangenheit passiert war, alles, was sich in der Gegenwart zutrug, und alles, was in Zukunft geschehen würde. Sie wohnten in einer wunderschönen Halle unter den Wurzeln von Yggdrasil, dem mächtigen Baum, der sich durch die neun Welten erstreckte. Neben ihrer Halle gab es einen tiefen Brunnen, der von einer Quelle gespeist wurde und über dem tropfende Wurzeln hingen. Hier hatten die Nornen einen Webstuhl aufgestellt. Doch anstatt damit Stoffe und Teppiche herzustellen, spannen die Nornen die Schicksalsfäden von Helden und Schurken, Bauern und Königen und verwebten sie zu einem Leben. Hatten die Nornen das Los eines Lebewesens gewebt, konnte es nicht mehr geändert werden, und wenn sie den Faden durchschnitten, war der Tod gewiss.

Die Nornen hatten noch eine weitere Aufgabe. Sie gaben nicht nur das Schicksal von Gottheiten und Menschen vor, sondern kümmerten sich auch um den Weltenbaum. Jeden Tag holten Urd, Verdandi und Skuld Wasser aus der Quelle, mischten es mit Lehm und Schlamm und rieben damit die Wurzeln und den Stamm des mächtigen Baumes ein. Das schützte Yggdrasil vor Schaden und Verfall. Ohne die sorgfältige Pflege der Nornen würde der Baum verfaulen, und der ganze Kosmos würde ins Wanken geraten und in den Abgrund stürzen.

◆ Manchmal verfluchten Menschen, die Pech hatten, die Nornen und fühlten sich von ihnen schlecht behandelt. Doch die Nornen interessierten sich nicht für die Gefühle oder Flüche der Menschen. Sie webten einfach, ohne Hass oder Liebe für die Menschen zu empfinden, deren Leben sie in Händen hielten.

◆ Manche sagten, dass es Nornen für jede Art von Wesen der neun Welten gab – Nornen für die Alben, Nornen für die Zwerge, Nornen für die Riesen, Gottheiten und Menschen. Kein Geschöpf, mochte es noch so mächtig sein, konnte seiner Bestimmung entrinnen.

◆ Oft hieß es, die Nornen seien bei der Geburt eines Kindes anwesend. Mit seinem ersten Atemzug entschieden Urd, Verdandi und Skuld über das Los des Kindes und darüber, ob es ein heldenhaftes Leben führen und jung im Kampf sterben oder ein hohes Alter erreichen würde.

„Odin bekam zwar einen Anteil der Krieger, die in der Schlacht gefallen waren, doch Hel nahm sich die meisten Toten. Deshalb sagen manche, sie war mächtiger als jede Gottheit.“

HEL

LEICHENGESICHTIGE HERRSCHERIN DER UNTERWELT

Regierte das unterirdische Totenreich

Hel war die furchterregende Tochter von Loki. Odin schickte Hel hinab, um über das elende Totenreich weit unter den Wurzeln des Weltenbaums zu walten. Das Land der Toten wurde ebenfalls Hel genannt.

Hel war leicht zu erkennen. Die Hälfte ihres Körpers war blauschwarz wie ein Bluterguss, die andere Hälfte bleich wie eine Leiche. Sie lief mit hängenden Schultern umher und war immer sehr mürrisch. Hel hütete die Toten wie ihren Augapfel, unterstützt von ihrem riesigen Hund Garm. Der Weg zu Hels Reich führte durch tückische Höhlen und über einen reißenden Fluss, über den sich eine schmale Brücke spannte. Es gab nur einen Eingang, und die Tore öffneten sich nur in eine Richtung: vom Land der Lebenden in das der Toten.

Alle, die an Altersschwäche oder Krankheit starben, landeten in Hel. Diesem Schicksal konnte man nur entrinnen, wenn man im Kampf starb und von den Walküren zu den Gottheiten nach Walhall gebracht wurde. Hels Halle hieß „die Feuchte", und an ihrer Tür befand sich die Schwelle „Fallgefahr". Wie viele Menschen die Halle auch bevölkerten, es war stets Platz für unzählige weitere.

An Hel war nichts Angenehmes, doch im Totenreich gab es einen Ort, der besonders schlimm war. Hierhin kamen die Mörder und Eidbrecher. Sie mussten durch Ströme voller Messer waten, um zu einer düsteren Halle namens „Totenstrand" zu gelangen, die dunkel, modrig und aus Schlangenrücken geflochten war. Das Dach war undicht, und von den Sparren tropfte so viel Gift herunter, dass ein fauliger Fluss aus der Halle sickerte.

◆ Hel hatte eine Schüssel namens „Hunger" und ein Messer namens „Hungersnot". Ihr Bett wurde „Krankenlager" genannt, ihr Bettvorhang „Funkelnder Schaden". Ihr Knecht hieß „der Langsame", ihre Magd „die Faule", und sie machten ihren Namen alle Ehre.

◆ Die berühmtesten Bewohner Hels waren der leuchtende Gott Baldur, der von seinem Bruder getötet worden war, und seine Gemahlin Nanna, die ihm gefolgt war. Sie wurden gut behandelt, während sie darauf warteten, sich nach der Ragnarök den jungen Gottheiten anzuschließen.

◆ Die Bevölkerung von Hels Reich vergrößerte sich ständig, und sie wird weiterwachsen, bis die Ragnarök kommt und die Toten auf das Land der Lebenden losgelassen werden.

JÖRMUNGAND

SCHLANGE, DIE SICH UM DIE WELT GEWUNDEN HATTE

Schlängelte sich in den Tiefen des Meeres um Midgard

Unten im trüben Gewässer des alles umgebenden Meeres lag Jörmungand, die Midgardschlange. Sie ernährte sich von allem, was tot war und auf den Grund des Ozeans fiel, und wurde so groß, dass sie schließlich die ganze Welt umschlingen und sich in den eigenen Schwanz beißen konnte.

Jörmungand war nicht immer so groß und grausam gewesen. Wie Hel und der Fenriswolf war die Midgardschlange ein Kind von Loki. Während Odin den Wolf selbst großziehen wollte und Hel in die Unterwelt verbannte, warf er die kleine Schlange in das tiefe Meer, wo das Ungeheuer, so dachte er, am wenigsten Schaden anrichten könnte. Doch das war ein gewaltiger Irrtum. In den unendlichen Weiten des Ozeans wuchs Jörmungand und wuchs, bis die Schlange schließlich größer als alles andere auf der Welt war.

Der ärgste Widersacher von Jörmungand war der mächtige Thor. Thor gewann all seine Kämpfe gegen die Riesen, von denen einige so groß wie wie Berge hoch waren. Mit der Midgardschlange verhielt es sich aber ganz anders. In der Vorsehung hieß es, Thor werde Jörmungand bei der Ragnarök gegenübertreten und die Schlange töten. Doch es gibt einen Haken: Thor wird ebenfalls sterben, und zwar am giftigen Atem des Ungetüms. Der rotbärtige Gott wird schließlich eine ebenbürtige Gegnerin finden. Thor begegnete der Schlange schon vor der tödlichen Schlacht am Weltenende einmal. Er ging mit einem Ochsenkopf als Köder auf Fischfang und brachte seine ganze göttliche Kraft auf, um die Bestie an die Oberfläche zu zerren. Thor hätte seinen Hammer auf den Kopf der Schlange niederfahren lassen, wenn sein Begleiter Hymir nicht die Angelschnur durchtrennt hätte. Einige dachten, wäre Thor nicht aufgehalten worden, hätte er dem Ungeheuer an Ort und Stelle den Garaus gemacht. Andere hingegen sagten, Jörmungand hätte sich im Todeskampf so sehr hin und her geworfen, dass die ganze Welt überflutet worden wäre.

◊ Die nordischen Völker glaubten, dass ein tiefer Ozean die ganze Welt umschloss, und dass sich Jörmungand durch den Meeresboden geschlängelt und einen vollständigen Kreis gebildet hatte. Deshalb wurde die Schlange „Gürtel" der Welt genannt.

◊ Es wurde prophezeit, dass die Midgardschlange bei der Ragnarök ihren Schwanz loslassen und sich aufrichten wird. Während Jörmungand an Land kriecht, wird das Meer aufgepeitscht, und große Flutwellen überschwemmen das Land.

„Irgendwo tief unter Thors kleinem Ruderboot
lag die Midgardschlange, die, aufgeschreckt aus ihrem
langen Schlaf, bedrohlich an die Oberfläche stieg.“

„Fenrir war der grimmigste Wolf, den die Welt je gesehen hatte. Sein Maul war groß genug, um das Licht am Himmel zu verzehren, und aus ihm troff Geifer, der einen reißenden Fluss bildete.“

FENRIR

BERÜCHTIGTER WOLF, DER ODINS LEBEN EIN ENDE SETZEN WIRD

Zerrte an seiner Fessel auf einer Insel in einem rostroten See

Fenrir, auch Fenriswolf genannt, war in der ganzen Welt als schrecklicher Wolf und grässlicher Sohn Lokis bekannt. Als Welpe wurde er von Odin aufgezogen, obwohl der Allvater wusste, dass ebenjener Wolf dazu ausersehen war, ihn in der Endzeitschlacht zu töten.

Odin hielt auch andere Wölfe, und wenn er das Menschenreich besuchte, schlich selbst der angriffslustigste Hund mit eingezogenem Schwanz davon. Doch Fenrir war kein normaler Wolf. Er wurde so groß, dass selbst Odin ihn nicht mehr zähmen konnte. Alle Gottheiten außer dem mutigen Tyr hatten Angst vor Fenrir, und nichts deutete darauf hin, dass er aufhören würde zu wachsen.

Odin beschloss, dass Fenrir angebunden werden musste, und bat die Zwerge, eine schwere Kette zu schmieden. Fenrir ließ sich die Kette von den Gottheiten anlegen, um seine Stärke unter Beweis zu stellen, und sprengte sie mit einem Muskelzucken. Da verlangte Odin eine noch schwerere Kette. Es brauchte mehrere der stärksten Gottheiten, um sie zu Fenrir zu schleppen. Der Wolf aber bäumte sich auf und befreite sich ein zweites Mal. Nun wusste Odin, dass die Bestie nur durch Magie zu bändigen war. Er forderte die Zwergenhandwerker auf, eine Fessel aus sechs Dingen zu fertigen, die sehr schwer zu finden sind: dem Geräusch von Katzenschritten, den Wurzeln der Berge, dem Atem des Fisches, dem Speichel eines Vogels, den Sehnen eines wilden Bären und dem Bart einer Frau! Die Fessel hieß Gleipnir und war so leicht wie ein Band.

Fenrir vermutete eine List, als die Gottheiten ihn zu einer Insel in einem See führten, damit er seine Kraft an Gleipnir erproben konnte. Und so musste Tyr eine seiner Hände in sein Maul legen, als die Gottheiten ihn fesselten. So sehr Fenrir auch zerrte, das dünne Band wollte nicht zerreißen, und als er merkte, dass er hinters Licht geführt worden war, biss der Wolf Tyrs Hand ab. Mit zwei großen Steinen verankerten die Gottheiten die Fessel. Und als sich der Fenriswolf mit aufgerissenem Maul auf sie stürzte, steckten sie ihm ein Schwert zwischen die Kiefer. Es hieß, Fenrir habe aus dem offenen Maul so sehr gegeifert, dass daraus ein Fluss entstand!

◆ Die ersten Ketten, mit denen Fenrir gefesselt wurde, hießen Läding und Dromi. Das Sprichwort „sich von Läding oder Dromi befreien", bedeutete, eine schwierige Aufgabe zu erfüllen!

◆ Wenn Fenrir bei der Ragnarök freikommt, wird er in der Welt ein Blutbad anrichten. Er wird sein Maul so weit aufreißen, dass sein Unterkiefer auf dem Boden schleift und sein Oberkiefer das Licht der Sterne verdunkelt. Nichts auf seinem Weg wird verschont bleiben.

◆ Odin wusste immer, dass Fenrir ihn in der letzten Schlacht töten würde. Aber ihm war auch bekannt, dass sein stiller Sohn Vidar seinen Tod rächen würde, indem er mit einem eigens angefertigten Schuh in das Maul des Wolfes tritt und ihm damit ein Ende bereitet.

„Wenn Surt seinen Posten verlässt und auf die Welt losgeht, wird es aussehen, als rücke eine gleißende Sonne über dem alles umgebenden Meer vor.“

SURT

RIESE AUS DEM LAND DES FEUERS, DER DIE WELT MIT SEINEM FLAMMENSCHWERT NIEDERBRENNEN WIRD

Wachte über die Grenzen des feurigen Muspellsheim

Muspellsheim war das funkensprühende Reich, das am Weltenanfang das Eis von Ginnungagap zum Schmelzen brachte. Es lag weit im Süden und war kein Ort, den Gottheiten oder Menschen betreten konnten. Tatsächlich wäre dort jeder verbrannt, der nicht in der Gluthitze von Muspellsheim geboren wurde: Selbst Reifriesen und Trolle wären in Flammen aufgegangen!

Surt war der Name des Feuerriesen, der die Grenzen von Muspellsheim bewachte. Er trug ein flammendes Schwert, das wie das Licht einer schrecklichen Sonne leuchtete. Surt war so groß wie jeder Riese, seine dicke Haut war verkohlt, und seine Augen waren wie Ascheglut frisch aus einem Feuer. Brach ein Vulkan aus und Lava quoll aus einem Riss in der Erde, war es, als würde man Surt mit seinem gleißenden Schwert aus dem Erdinneren hervortreten sehen.

Wenn die Ragnarök kommt und die Riesen gegen die Gottheiten kämpfen, werden die Riesen von Muspellsheim die Welt mit der größten Zerstörung überziehen. Surt wird ein gewaltiges Heer aus dem Land des Feuers ins Reich der Gottheiten führen, und sein Schwert wird so lodernd brennen, dass es alles auf seinem Weg in Flammen aufgehen lässt. Selbst die Regenbogenbrücke wird einstürzen, nachdem sie Surt überquert, um ins Reich der Gottheiten zu gelangen.

Surt ist es bestimmt, in der Endzeitschlacht auf Frey zu treffen. Frey wird ohne sein berühmtes Schwert, das von allein kämpfen konnte, nur mit einem Hirschgeweih als Waffe diesem furchtbaren Riesen gegenübertreten. Frey wird sich wacker schlagen, aber Surt nicht gewachsen sein, der ihn mit Flammen umzingeln wird. Wenn Frey stirbt, kann niemand mehr Surt aufhalten, und er wird die ganze Welt in Brand stecken.

◆ Surt bedeutet „der Schwarze", ein passender Name für einen Riesen, der das Land des Feuers bewacht und ein Flammenschwert mit sich führt.

◆ Wenn Surt die Welt mit seinem Feuer niederbrennt, wird alles zerstört. Doch aus der Asche seines Feuers wird eine neue, grüne Welt hervorgehen: wie das Moos und Gras, das auf schwarzen Lavafeldern sprießt.

◆ In der Nähe von Island liegt die Vulkaninsel Surtsey (Insel des Surt). Sie entstand durch einen Ausbruch am Meeresgrund, der eine riesige Asche- und Dampfwolke erzeugte, die kilometerweit zu sehen war.

DIE GESCHICHTE DER RAGNARÖK

Diese Geschichte erzählt davon, wie sich die Gottheiten den Untergang ihrer Welt vorstellten, nämlich in einer Schlacht gegen Riesen und Ungeheuer, die den Himmel verbrennen und die neun Welten in Finsternis stürzen. Einige meinen, die Ragnarök habe bereits stattgefunden, andere hingegen denken, dass die Gottheiten noch unter uns weilen und auf das Weltenende und ihre unausweichliche Niederlage warten.

Das erste Anzeichen der Ragnarök werden drei schreckliche Winter in Folge sein, ohne einen Sommer dazwischen, der den Schnee schmelzen lässt. Zwischen den Völkern der Welt werden große Kriege ausbrechen, und Familie und Freunde werden sich gegeneinander wenden. Es wird eine Zeit der Messer, Wölfe und wild heulenden Winde sein. Dann werden drei rote Hähne zugleich krähen und die Gottheiten ohne Zweifel wissen, dass noch Schlimmeres im Anmarsch ist.

Die Wölfe, die die Wagen von Sonne und Mond jagen, werden ihre Beute schließlich einholen. Sie werden Sonne und Mond verschlingen und die Welt in Dunkelheit stürzen. Die Erde wird beben, Bäume werden entwurzelt, Berge zerfallen und die Ketten aller Gefangenen werden brechen. Der Fenriswolf wird mit weit aufgerissenem Maul frei herumlaufen, und Jörmungand, die Midgardschlange, wird ihren Schwanz loslassen und inmitten peitschender Wellen dem Meer entsteigen.

Surt wird die Riesen vom feurigen Muspellsheim nach Asgard führen. Er wird sich der Regenbogenbrücke mit schwingendem Flammenschwert nähern, und Heimdall wird in sein Horn blasen, um die Gottheiten zu warnen, dass die Endzeitschlacht bevorsteht. Auch Loki wird freikommen und ein Heer der Toten anführen, so groß, dass niemand es überschauen kann.

Odin und seine handverlesenen Krieger aus Walhall werden erscheinen und sich für den Kampf rüsten. An einen Sieg ist nicht zu denken, doch diese Helden werden sich den Mächten des Chaos furchtlos stellen. Odin wird von Fenrir verschlungen, doch sein Sohn Vidar wird in das Maul des Wolfes treten und seinen Vater mit einem mächtigen Schwerthieb rächen. Thor wird es mit der Midgardschlange aufnehmen und sie mit einem Hammerschlag töten, dann aber nur neun Schritte weit taumeln können, bevor er ihrem Gift erliegt. Loki und Heimdall kämpfen Mann gegen Mann und erschlagen sich gegenseitig mit erbitterten Schwertstreichen.

Surt wird Frey gegenübertreten, und der Fruchtbarkeitsgott wird in den Flammen des Schwertes des Feuerriesen sterben. Dann wird Surt die Regenbogenbrücke in Brand stecken, die Wölfe werden ihr Siegesgeheul anstimmen, und in schwarzem Rauch, der die Sterne auslöscht, wird die alte Welt versinken.

Doch obwohl die Welt brennt, ist nicht alles verloren. Die jüngeren Gottheiten werden ein sicheres Versteck finden, und wenn sich der Rauch verzieht, werden sie in die Ebenen von Idavöll zurückkehren und auf eine goldene Halle in einem Land stoßen, das unter einer neuen, hellen Sonne bereits üppig grünt. Modi und Magni werden Thors Hammer nach Idavöll tragen und dort von Baldur und seiner Gemahlin Nanna willkommen geheißen, die aus dem Totenreich zurückgekehrt sind. Der Gott Hödur wird ebenfalls dort sein, zusammen mit dem schüchternen Gott Hönir und den Kindern Odins. Während sie auf den grünen Wiesen spielen, werden sie sich Geschichten aus der alten Welt erzählen.

Auch zwei Menschen werden überleben, indem sie auf die Äste des Weltenbaums klettern. In den Flüssen dieser jungen Welt werden sich Fische tummeln, und Korn wird wachsen, ohne gepflanzt worden zu sein. Oberflächlich betrachtet wird alles nach einem gelungenen Neubeginn aussehen – doch am Horizont zieht ein Schatten auf: Der Drache Nidhögg, der aus den dunklen Hügeln seines unterirdischen Baus kriecht. Es wird immer Ungeheuer geben, die die Gottheiten bekämpfen müssen, auch in diesem strahlend neuen Land.

GLOSSAR

Alfheim – **eine der neun Welten, Heimat der Lichtalben**

Asen – **größtes Göttergeschlecht**

Asgard – **eine der neun Welten, Heimat der Asen**

Bifröst – **Regenbogenbrücke, die die Welt der Menschen und Gottheiten verbindet**

Blasebalg – **Werkzeug, mit dem Luft in Feuer geblasen wird**

Esse – **offene Feuerstelle mit Abzug in einer Schmiede**

Halle – **großes Holzgebäude, in dem Menschen leben, schlafen und tafeln**

Hel – **eine der neun Welten, Heimat der Toten; Name seiner Herrscherin**

Idavöll – **im Freien gelegener Versammlungsort der Gottheiten**

Jötunheim – **eine der neun Welten, Heimat der Riesen**

Midgard – **eine der neun Welten, Heimat der Menschen**

Muspellsheim – **eine der neun Welten, Reich des Feuers und der Feuerriesen**

Niflheim – **eine der neun Welten, Reich von Eis und Nebel**

Rune – **altes Schriftzeichen der Völker Nordeuropas**

Saga – **altnordische Erzählung**

Svartalfaheim – **eine der neun Welten, Heimat der Zwerge**

Utgard – **Außenwelt, die nicht unter dem Schutz der Gottheiten steht**

Walhall – **Odins goldene Halle, wo die auserwählten Krieger tafeln**

Walküren – **überirdische Kriegerinnen, die die Körper getöteter Krieger forttragen**

Wanen – **kleineres Göttergeschlecht unter Führung von Njörd**

Wetzstein – **ein Stein, mit dem sich Werkzeuge, beispielsweise Messer, schleifen lassen**

Widersacher – **Feind oder Gegner**

Vanaheim – **eine der neun Welten, Heimat des Göttergeschlechts der Wanen**

Für Elwyn, den kleinen Drengr – T. B.
Für Arthur und August, meine kleinen Krieger – I. M.

Titel der Originalausgabe: *Legends of Norse Mythology*

ein Unternehmen der Penguin Random House Verlagsgruppe GmbH
Neumarkter Straße 28 • 81673 München

Übersetzt aus dem Englischen von Christiane Wagler

Projektleitung: Constanze Holler
Lektorat: Stephan Thomas
Herstellung und Satz: Susanne Hermann
Druck und Bindung: C&C Joint Printing Co., (Shanghai) Ltd, Shanghai, China

MIX
Papier | Fördert gute Waldnutzung
FSC® C008047
FSC www.fsc.org

Penguin Random House Verlagsgruppe FSC® N001967

ISBN 978-3-7913-7585-4

www.prestel-junior.de